WOLF-ULRICH KLÜNKER

DIE ERWARTUNG DER ENGEL

Der Mensch als neue Hierarchie

WOLF-ULRICH KLÜNKER

DIE ERWARTUNG DER ENGEL

Der Mensch als neue Hierarchie

VERLAG FREIES GEISTESLEBEN

Wolf-Ulrich Klünker, 1955 in Holzminden geboren. Begründer der DELOS-Forschungsstelle für Psychologie (Berlin), Leiter der Turmalin-Stiftung (Rondeshagen bei Lübeck) und Vorstandsmitglied der Anthroposophischen Gesellschaft in Deutschland. Vortragstätigkeit, Forschungen und Veröffentlichungen auf den Gebieten Geistesgeschichte, Psychologie und therapeutische Menschenkunde. Im Verlag Freies Geistesleben liegen vor: *Johannes Scotus Eriugena. Denken im Gespräch mit dem Engel*; *Selbsterkenntnis der Seele. Zur Anthropologie des Thomas von Aquin*; *Alanus ab Insulis*; *Selbsterkenntnis – Selbstentwicklung. Zur psychotherapeutischen Dimension der Anthroposophie; Christus und das Schicksal des Menschen; Wer ist Johannes? Dimensionen der letzten Ansprache Rudolf Steiners* und *Die Antwort der Seele. Psychologie an den Grenzen der Ich-Erfahrung*.

3. Auflage 2010

Verlag Freies Geistesleben
Landhausstr. 82, 70190 Stuttgart
Internet: www.geistesleben.com

ISBN 978-3-7725-1143-1

Umschlagmotiv: Die sieben Engel der Apokalypse mit den Zornesschalen, Buchmalerei, Beatusapokalypse, Spanien, 11. Jahrhundert
Druck: Druckhaus Nomos, Sinzheim
Printed in Germany

INHALT

EINFÜHRUNG

Meine Tochter hat als fünf-, sechs- und siebenjähriges Kind davon gesprochen: Heute Nacht war ich bei meinem Engel. Oder: Als ich noch nicht auf der Erde gelebt habe, war ich bei den Engeln. Oder auch: Meine Uroma ist jetzt bei den Engeln. – Gleichzeitig stellte sich dieses Kind die Engel als geflügelte Wesen vor, aber geistig, also nicht sichtbar, in einer Existenzgemeinschaft von noch nicht geborenen und verstorbenen Menschen. Das Kind war der Ansicht, dass der Mensch immer wieder geistige Lebensphasen im Himmel durchmacht, gemeinsam mit anderen geistigen Wesen, um dann jeweils wieder auf die Erde hinabzusteigen, wo der Engel nicht mehr sichtbar ist. – Eine Vorstellung? Ein Erleben? Wirklichkeit? Oder sogar Wahrheit? Wahrheit unterscheidet sich von Wirklichkeit, indem Wahrheit von einem Menschen persönlich erfasst wird und seiner gegenwärtigen Lebenssituation angemessen ist. Natürlich muss hinzugefügt werden, dass dem Kind gegenüber wohl vom Engel gesprochen wurde, aber die von ihm hergestellten Zusammenhänge in keiner Weise vermittelt wurden.

Es gibt auch gefallene Engel, Gegenmächte. Anselm von Canterbury spricht im 11. Jahrhundert von der Menschheitszukunft. Er sieht sie darin, dass in der zukünftigen Existenzform, die er als neues Jerusalem bezeichnet, die

Zahl der gefallenen Engel durch geistig gerettete Menschen ersetzt wird.[1] Dadurch erhält der von Gott geschaffene Kosmos erst seine Ordnung und Vollständigkeit zurück; beide waren durch den Abfall gewisser Engel entscheidend gestört worden. Damit hat der Mensch als geistiges Wesen eine entscheidende Zukunfts- und Entwicklungsaufgabe für den Zusammenhang der Welt. Anselm ist überzeugt, dass der Mensch die geistige Befähigung, die er dazu nötig hat, allein von Christus erhalten kann. Christus macht den Menschen zu einem geistig wirksamen Wesen, das als zehnte geistige Ordnung nicht nur Aufgaben früherer Engel übernehmen kann. Vielmehr ist der Mensch auf Grund seiner besonderen Erdenerfahrungen auch in der Lage, für die Vollständigkeit des Kosmos etwas beizusteuern, wozu Engel als Geistwesen nicht fähig gewesen wären. Anselm sieht das Erlösungswerk Christi in dieser geistigen Befähigung des Menschen. Es besteht ein geistiger Entwicklungszusammenhang zwischen dem Engel, dem Menschen und Christus. Die Wirksamkeit Christi bezieht sich auf den Menschen als geistiges Wesen, insofern er geistige Bereiche des Engels betritt und verwandelt. – Eine Vorstellung? Eine bloße christliche Tradition? Ein geistiges Erleben? Wirklichkeit oder gar Wahrheit?

Am Ende des 12. Jahrhunderts wirft Alanus ab Insulis die Frage auf, ob der Schutzengel den Menschen überhaupt beschützt. Diese Infragestellung, scheinbar naiv, weist auf einen Problembereich, der von einer ernsthaften Beschäftigung mit dem Engel zu berücksichtigen ist. Wenn der Schutzengel den Menschen stets beschützt, kann der Mensch nicht zu einem geistig und existenziell freien Wesen werden. Freiheit ist mit Risiko verbunden, Risiko schließt Scheitern, letztlich sogar den Untergang nicht aus. Alanus kommt zu einer Antwort, die wieder naiv klingen mag, die allerdings eine wichtige Perspektive für das Verhältnis von

Mensch und Engel eröffnet:[2] Der Engel beschützt den Menschen, soweit es am Engel liegt. Das bedeutet, dass der Mensch diesen Schutz zu qualifizieren hat. Er kann ihn bemerken oder nicht bemerken. Und wenn er ihn bemerkt, kann er ihn beachten oder nicht beachten. Er kann sich auch so verhalten, dass die Schutzengel-Wirkung ganz unterbleibt. Mit anderen Worten: Wie der Engel auf den Menschen wirkt, hängt von der geistigen Verhaltensweise des Menschen ab; deshalb sind Engelbeziehung und menschliche Freiheit nicht im Widerspruch. – Überzeugt diese Argumentation? Ist sie für ein heutiges Selbstverständnis des Menschen von Bedeutung? Welche Lebensrelevanz haben Begriffe wie Freiheit und geistige Entwicklung?

Einige Jahrzehnte später verkompliziert sich das Verhältnis von Engel und Mensch für Thomas von Aquin noch weiter. Er deutet an, dass die Beziehung des Menschen zum Schutzengel sich grundlegend wandeln könnte.[3] Der Mensch hat im Engel zunächst einen Beschützer, es könnte aber eine Zukunft kommen, in der der Beschützer nicht mehr für den Menschen zuständig ist, ihm unter Umständen sogar schaden kann. Aus den Worten des Thomas ist herauszulesen, dass der frühere Schutzengel für den Menschen zu einem dämonischen Wesen werden könnte und dass es von der Beziehung des Menschen zu seinem früheren Schutzengel abhängt, ob der Mensch im Himmel, also in der geistigen Welt, leben kann oder ob er in der Hölle, also vom Geist getrennt, zu existieren hat. Die Gefahr, das geistige Entwicklungsrisiko, nimmt hier deutlichere Formen an. Und Thomas erwähnt sogar, wodurch der Mensch vermeiden kann, in der Zukunft in der Hölle von einem Dämon umgetrieben zu werden, der früher sein Schutzengel war. Der Mensch bewahrt sich selbst und den Engel vor einer solchen Zukunft, indem er zum geistigen Mitregenten des Engels wird, sich mit dem Engel geistig auf eine Stufe stellen kann. Es bleibt offen, wie dies geschehen könnte. Thomas erwähnt auch nicht, wann (biographisch oder menschheitsgeschichtlich) die Gefahr einer solchen Verstrickung in der Beziehung zwischen Engel und Mensch eintreten könnte. Aber er lässt keinen Zweifel daran, dass die geistige Höherentwicklung des Menschen schicksalsbestimmend wird, nicht nur für den Menschen selbst. – Eine mittelalterliche Ansicht, die Zukunftsängste schürt? Oder der Verweis auf eine Wirklichkeit, die für den Menschen nur zur Wahrheit wird, wenn er sich ihr allmählich geistig nähert? Wie ist mit solchen Aussagen begrifflich und meditativ, erfahrungsbezogen oder lebenspraktisch umzugehen?

Im Sommer 1924 stellt Rudolf Steiner einen Entwicklungszusammenhang zwischen dem Menschen und geistigen Wesen her.[4] Diese Beziehung wird nach dem Tod geistig anschaubar, erlebbar. Die dritte Hierarchie, die untere geistige Gliederung, der die Engel als niedrigste Ordnung angehören, nimmt das «Schicksalsnetz» des gerade verstorbenen Menschen auf. Nach kurzer Zeit werden im Bereich der zweiten Hierarchie die Einstellungen und Verhaltensweisen, Taten und Ausrichtungen des Menschen wesentlich: Ihre Wirkungen, ihre Konsequenzen werden zu einer Existenzwirklichkeit. Und schließlich, bereits im Hinblick auf ein neues Erdenleben, werden die Entwicklungsergebnisse der vorangegangenen irdischen und geistigen Existenz zu Ursachen, irdische Zukunft bestimmend. Dies vollzieht sich im Bereich der ersten Hierarchie, der höchsten geistigen Kraft, deren Wirkungen am Anfang einer neuen Leibesbildung und Existenzfindung in der Welt stehen. Zusammengefasst ergibt sich aus dieser Darstellung, dass der Mensch in der Beziehung zum Engel, aber auch zu allen höheren Geistwesen in der Konsequenz seiner eigenen Entwicklung lebt. Er kommt mit den geistigen Bereichen in Berührung nach Maßgabe dessen, was er selber irdisch-geistig veranlagt hat. Damit individualisiert sich das Verhältnis zum Engel und zu den höheren Geistwelten, damit ist die Frage nach geistigen Wesen von vornherein mit der Frage der geistigen Individualität und der geistigen Entwicklung des Menschen verbunden. – Eine Überforderung für den Menschen, der doch nur Klarheit über die Existenz des Engels haben möchte? Eine geisteswissenschaftliche Position, die nur vom Eingeweihten zu erkennen, von jedem anderen aber nur zu übernehmen ist?

Johannes Scotus Eriugena hatte im 9. Jahrhundert ein geistiges Rätsel gestellt, das die Beziehung von Engel und Mensch für die Zukunft zum Gegenstand begrifflich-meditativer Klärung machen sollte. Mensch und Engel entstehen durch gegenseitige Erkenntnis, in der der Mensch den Engel und der Engel den Menschen erkennt. Wenn der Mensch sich als geistiges Wesen entwickelt, blickt er wie in einem Spiegel auf sich selbst und sieht den Engel. So aber sieht der Engel auch den Menschen, gleichsam aus einer Position hinter dem Spiegel zurückblickend, und so sieht der Mensch sich selbst wieder, sieht der Engel sich selbst, und beide entstehen durch gegenseitige Erkenntnisaktivität.[5] Der Mensch als geistige Individualität und der Engel erscheinen sehr nahe; es zeigt sich: sie gehören untrennbar zusammen. Indem sich der Mensch geistig entwickelt, offenbart sich der Engel. In demselben Vorgang kommt der Engel zu sich selbst, und dadurch entwickelt sich der Mensch geistig. Es entsteht der Engel im Menschen, es entsteht der Mensch im Engel. Aus zwei Geistwesen wird eines – wo bleibt die Differenzierung? Sind das menschliche Ich und der Engel identisch? Wird das Ich des Menschen, wenn es sich geistig entwickelt, zum Engel? Verschwindet der Engel *als Engel,* wenn der Mensch geistig weiterkommt?

Dieses Buch beschreibt einen bestimmten geisteswissenschaftlichen Weg zum Verständnis der Geistesbruderschaft von Engel und Mensch. Es handelt sich dabei um einen durchaus persönlichen Zugang, allerdings in der Hoffnung, dass er einem geistigen Bedürfnis der Gegenwart entspricht.

Der hier beschrittene Weg soll die geistigen Bedingungen und die Lebensvoraussetzungen im beginnenden dritten Jahrtausend berücksichtigen; in dieser Situation zeigen sich neue Aspekte in der Beziehung zwischen Mensch und Engel. Diese lassen sich zusammengefasst folgendermaßen charakterisieren: Der Bereich des Engels und höherer hierarchischen Ordnungen kann eigentlich nur noch verstanden werden, wenn er auch als Resonanzraum für geistige Wirkungen des Menschen betrachtet wird. So ist nicht mehr allein zu fragen, wie die geistige Welt zum Menschen steht; hinzukommen müsste eine Anschauung, dass aus dem Bereich der Hierarchien auf das menschliche Ich verstärkt zurückwirkt, was zuvor vom Menschen geistig veranlagt wurde. Das eigene Geistige des Ich wirkt, vom Engel geistig gespiegelt und intensiviert, auf den Menschen zurück. Immer wichtiger wird die Fragestellung, was ich für die geistige Welt zu tun habe, damit sie ihre Aufgabe gegenüber dem Menschen erfüllen kann. – Diese Entwicklungsrichtung hat sich auch gegenüber dem Beginn des 20. Jahrhunderts verstärkt.

In diesem Sinne versucht die vorliegende Arbeit einen zeitgemäßen Zugang zu erschließen. Sie gründet dabei auf den Darstellungen Rudolf Steiners, insbesondere in den Jahren 1924 und 1925. Eine weitere Grundlage bildet die Engelanschauung, wie sie sich aus dem christlichen Aristotelismus und Platonismus des Mittelalters entwickelt hat. Allerdings kommen verstärkt eigene Anschauungszusammenhänge zur Darstellung, nachdem die geistesgeschichtlichen Bezüge und die geisteswissenschaftlichen Dimensionen im Werk Rudolf Steiners in früheren Veröffentlichungen dargelegt wurden.[6]

Das erste Kapitel fragt nach einem realistischen Zugang der Gegenwart zur geistigen Welt – unter den Bedingungen der Bewusstseinsseele und einer Geisteshaltung, die als michaelisch, d.h. selbstbestimmt und gedankengetragen gelten kann. Kapitel II hat die entsprechende Resonanzwirkung aus dem Bereich der Hierarchien zum Gegenstand und geht auch auf mögliche problematische Beziehungen zwischen Engel und Mensch ein; daneben soll die therapeutische Dimension der Begegnung mit dem Engel deutlich werden. Schließlich dokumentiert und erläutert das dritte Kapitel historische Zeugnisse von Engelbegegnungen, allerdings in einer bestimmten Auswahl. Es überwiegen mittelalterliche Texte, aber mit dem Ziel, die geistesgeschichtlich-michaelische Strömung hervortreten zu lassen, die für eine zukunftsfähige Ich-Begegnung mit dem Engel grundlegend sein kann.

DER MENSCH BERÜHRT DEN ENGEL

Die ältere christliche Überlieferung sah den Menschen in zweifacher Weise mit der Welt verbunden. Als *Naturwesen* gehört der Mensch zu einer irdischen Welt, die er in seinem eigenen Lebensprozess in sich und als Natur außer sich erlebt. Als *geistiges Wesen* gehört der Mensch einer himmlischen Welt an, die er – zumindest im Sinne des christlichen Mittelalters – außer sich in seiner Beziehung zum Engel, in sich selbst in seinem eigenen Denken erlebt. Im Denken besteht ein unmittelbarer Bezug zum Engel, denn dieses Denken ist zunächst nicht Gedankentätigkeit des menschlichen Individuums, sondern Teilhabe an der geistigen Wahrnehmung des Engels. Diese geistige Wahrnehmung des Engels hat wiederum zwei Richtungen: Der Engel nimmt sich selbst wahr, und er nimmt die Welt wahr. Indem er eine (geistige) Welterkenntnis hervorbringt, entsteht in ihm zugleich eine geistige Wahrnehmung seiner selbst. Denn der Engel existiert in dem, was er erkennt, und was er erkennt, existiert in ihm. Mit anderen Worten: Der Engel ist der geistige Begriff der Wirklichkeit und ihrer Gegenstände. Und indem der Mensch denkt, gelangt er zu einer Teilhabe an diesem Begriff, der zugleich das Wesen des Engels und des Weltgegenstandes enthält. Dieses Denken wurde als eine übermenschliche Fähigkeit erlebt – der Mensch kommt zu einer Berührung mit dem Engel, wodurch der Gedanke in ihm entsteht.

Aber auch nach der Naturseite ihrer Existenz hin erlebten sich die Menschen mit dem Engel verbunden. Denn der geistige Begriff im Engel war kein beschreibender, sondern ein kraftwirksamer. Indem der Engel die Dinge der Welt und dabei sich selbst im Denken begreift, bildet er sich selbst und die Welt nicht ab. Sondern er steht in der Kraft seiner selbst, die beispielsweise mit der Lebenskraft der Natur ein und dasselbe ist. Die Wirksamkeit von Elementarkraft etwa am Wasser (Luft, Wärme, Wasser) bildet einen Zusammenhang, dessen Kraftwirklichkeit im Erkenntnisbegriff des Engels existiert. Indem der *Mensch* im Sturm, in der Wellenbewegung diesen Naturzusammenhang erlebt, hat er Anteil an einer Kraft, die in ihm selbst als Sinneswahrnehmung und seelisches Erleben, im *Engel* als Begriffskraft und in der *Natur* als Elementarkraft besteht. War im menschlichen Erleben die Wahrnehmungsseite betont, so konnte sich der Mensch verbunden mit den Elementen fühlen. Blickte er eher in Erkenntnishaltung auf den Naturzusammenhang, so konnte er sich in der Begriffskraft des Engels fühlen. So empfand sich der Mensch als mittleres Glied zwischen der Welt der Elemente (Natur) und der Welt der geistigen Hierarchien, deren niedrigste Ordnung der Engel war.

Der Schutzengel

Aber der Engel wurde nicht nur an den beiden Grenzen zur Natur und zur geistigen Welt erlebt, sondern auch in der eigenen Biographie. Die geistige Lenkung der eigenen Lebensentwicklung, die Behütung vor Schicksalsschlägen und auch schicksalsprägende Begegnungen mit anderen Menschen wurden in einer bestimmten Weise empfunden: Sie unterstehen der geistigen Kraft des Engels. Der Engel wirkt als *Führer* in der irdischen Lebensentwicklung, aber er wirkt als gleichberechtigter *Begleiter* nach dem Tod. Für das Lebensgefühl der Menschen war deutlich, dass der Schicksalsweg des Menschen von diesem selbst zwar beeinflusst wird, aber nicht in seinem Zusammenhang überblickt werden kann. So stand der Engel für einen Entwicklungszusammenhang, für den im Sinne des eigenen Schicksals sinnvollen Ablauf der Biographie und für ihre Beziehung auf die göttlich-geistige Wirklichkeit. Die Menschen empfanden sich seelisch im Bereich des *Glaubens*, der Engel aber lebte im klaren Licht der *Erkenntnis*.

Thomas von Aquin diskutiert im letzten Drittel des 13. Jahrhunderts wissenschaftlich die Frage, wann der Schutzengel dem Menschen zugeordnet wird. Er sieht drei Möglichkeiten: während der vorgeburtlichen Entwicklung im Mutterleib, bei der Geburt oder bei der Taufe.[7] Die Antwort des Thomas ist eindeutig. Während der Embryonalentwicklung wird der werdende Mensch von dem Schutzengel der Mutter mitbeschützt. Die biographische Beziehung zum Schutzengel ist eine gleichsam natürliche, nicht eine übernatürliche; mit der Taufe wird aber ein übernatürlicher Bezug zur geistigen Welt hergestellt. Demnach ist nur möglich, dass sich die Verbindung von Engel und Mensch bei der Geburt vollzieht.

Diese Betrachtung des Thomas gibt indirekt Wichtiges zu erkennen. Der Blick ist strikt auf die natürlich-irdische Leibesentwicklung des Menschen gerichtet. Während die leibliche Erdenexistenz sich vorbereitet, untersteht der werdende Mensch dem Schutz des mütterlichen Engels, d.h. derjenigen irdischen Persönlichkeit, die den neuen Menschen hervorbringt. Erst wenn das Kind geboren wird, also in eine eigenständige leibliche Existenz auf der Erde eintritt, wird der eigene Engel zuständig. Hier ist zu erkennen, dass die Beziehung des Engels zum Menschen an die menschliche Individualität gebunden ist. Für die Individualität galt das alte, auf Aristoteles zurückgehende Prinzip der Individuation des Menschen durch den Leib. Der Mensch erlebt sich durch die Eigenständigkeit seines Leibes als individuelles Wesen. Diese Individualität kommt beim Menschen in der Einmaligkeit der persönlichen Leibesbildung zum Ausdruck, insbesondere in der Physiognomie. Die Seele lebt durch den eigenen Leib in der Welt und macht dort Erfahrungen, die, beispielsweise in der Sinneswahrnehmung, leibvermittelt sind – aber durch *diesen* bestimmten Leib, der auch ganz bestimmte Welterfahrungen vermittelt. Auch die inneren Erlebnisformen der Seele individualisieren sich am Leib, weil sie durch diesen bestimmten Leib gespiegelt werden.

Indem also der Engel auf die leiblich-irdische Existenz des Menschen bezogen ist, wird seine Verbindung mit der menschlichen Individualität deutlich. Der übernatürliche Bezug zur göttlich geistigen Welt, der durch die Taufe hergestellt wird, weist dagegen auf eine Existenzform der Individualität, die sich erst nach deren Tod einlösen kann. Wenn der Mensch dann vom Leib befreit ist und als geistiges Wesen existiert, unterliegt er den gleichen Seinsbedingungen wie der Engel und er ist ihm gleichberechtigt, «mitregierend» mit dem Engel, wie Thomas an anderer Stelle sagt.[8] Man kann fast den Eindruck haben, die irdische Beziehung des Menschen zum Engel sei durch den Leib vermittelt. Dieser Eindruck ist insofern richtig, als der Leib Grundlage und Ausdruck der Individualität ist – und die Beziehung zum Engel besteht auf der Ebene geistiger Individualität. Der Mensch entwickelt sich irdisch als geistige Individualität durch den Leib, und in der Existenz nach dem Tod steht er dem Engel als eigenständige geistige Individualität gleichsam von Angesicht zu Angesicht gegenüber. Hier zeigt sich, dass es auch für die Gegenwart weiterführend sein kann, die Beziehung von Individualität und Leibesentwicklung zu betrachten, um die Beziehung des Engels zum Menschen besser zu verstehen.

Aber auch die andere Grenze der menschlichen Existenz, seine Beziehung zur Natur, muss unter dem Leibesaspekt betrachtet werden. Im Mittelalter wurde der Zusammenhang von Elementarwirksamkeit in der Natur in dem oben angedeuteten Sinne als Engelkraft erlebt. Der Mensch nimmt mit den leiblichen Sinnen die Natur wahr. Er empfindet Wärme und Kälte, sieht die Farben, hört beispielsweise den Gesang der Vögel. Aber die Einzeleindrücke der menschlichen Sinne müssen sich zu einem Zusammenhang schließen, sonst würden sie gleichsam zerfallen. Die Wahrnehmung etwa des Regenbogens in einer bestimmten Witterungs- und Sonnenlichtsituation würde sich in einzelne Farb-, Wärme- und Feuchtigkeitseindrücke verlieren, wenn nicht ein naturbezogener Sinnzusammenhang empfunden würde, der etwa als «Sonnenstimmung nach einem Regen» bezeichnet werden kann. Dies gilt für alle Natureindrücke, für die Wahrnehmung der Elementarwelt schlechthin. Auch der Eindruck etwa einer Seenlandschaft entsteht nicht durch die Addition einzelner Wahrnehmungen und die entsprechende Zusammenfügung der Elemente Erde, Wasser, Luft (Lichtverhältnisse) und Wärme (Temperatur), sondern als ein zwar nicht feststehender, aber sinnvoll geschlossener Natur*zusammenhang*. Dieser Zusammenhang ist durch Engelkraft in der Natur hervorgebracht, und dieselbe Engelkraft wirkt in der menschlichen Wahrnehmung, die durch die Sinne des physischen Leibes vermittelt ist.

Die Sinneseindrücke summieren sich nicht zu der Wahrnehmung eines Welt- oder Naturganzen; vielmehr stellt sich für den erlebenden Menschen aus den einzelnen Eindrücken ein Zusammenhang her. Dieser erlebte

Zusammenhang entspricht im inneren Erleben des Menschen demjenigen Zusammenhang, der draußen in der Natur gegeben ist, und in beiden wirkt der Engel ursächlich. So sind der «objektive» Naturvorgang und der «subjektive» Eindruck im Menschen auf dieselbe geistige Ursache zurückzuführen und stellen nur zwei zusammengehörige Erscheinungsformen derselben Engelkraft dar. Was in der Natur und den Elementen als dieser Zusammenhang unbewusst lebt, wird im menschlichen Erleben bewusst. Dieses Bewusstwerden ist aber auch für den Engel selbst nicht gleichgültig. Denn während er seine Kraft in den Elementen gleichsam verausgabt, wird sie ihm selbst im menschlichen Erleben anschaulich.

Der Verlust des Engels

In der Neuzeit, insbesondere im 20. Jahrhundert, ist die dreifache Beziehung zum Engel in der westlichen Kultur weitgehend verloren gegangen. Er wird nicht mehr als «natürlicher» Begleiter der eigenen Lebensentwicklung, aber auch nicht mehr an den beiden Grenzen zur Natur und zur geistigen Welt erlebt. Außerdem ist die Existenzsituation des Menschen nach dem Tod aus dem Bewusstsein geraten, und damit sind auch die Nähe und Gleichberechtigung von Engel und Mensch als spiritueller Erlebnisgehalt verschwunden. Der Entwicklungszusammenhang von Engel und Mensch, von Anselm von Canterbury im 11. Jahrhundert noch als grundlegend für den Weltenfortschritt dargestellt, droht zerrissen zu werden. Anselm hatte damals ausgeführt, dass Christus den Menschen geistig befähigt, allmählich für die weitere kosmische Entwicklung die Stelle der gefallenen Engel (und anderer hierarchischer Grade) zu übernehmen.[9]

Mit dem Verlust des Engels hat sich das Verhältnis des Menschen zur Natur und zur geistigen Wirklichkeit grundlegend gewandelt. An Stelle des erlebten Naturzusammenhangs tritt der Eindruck, der Mensch nehme durch die Sinne eine äußere Welt unmittelbar wahr und deren Zusammenhang stelle sich nur durch menschliches Nachdenken her. Dabei erscheinen die sinnlich wahrgenommenen Einzelheiten der Natur und der äußeren Welt als real, die Gedanken aber und Begriffe, die Zusammenhänge herstellen, als *nach*gedacht und damit sekundär, rein ideell, theoretisch. Und der Mensch gilt sich zunehmend als ein Wesen, das ebenfalls dieser Natur entspringt, ihr aber teilweise entwachsen ist und dabei ein Innenleben ausgebildet hat, das ihn von Natur und Welt trennt. Er erlebt sich selbst in seinem Innern oftmals als fremd, auch der Welt gegenüber. Die Natur, der er doch entstammt, ist in ihrer Wirklichkeit zwar der Wahrnehmung, nicht aber dem Erleben zugänglich.

Die geistige Welt fällt nicht unter die sinnliche Wahrnehmung; deshalb gelten Empfindungen und Gedanken über sie von vornherein als subjektiv, ideell, vielleicht auch als theoretisch. Jedenfalls erscheinen sie als im einzelnen Menschen begründet und damit nicht objektivierbar, nicht verbindlich. Und so kann sich der Mensch gegenüber der geistigen Welt entweder allein fühlen, oder er fühlt sich innerhalb seiner eigenen geistigen Vorstellungen gegenüber den anderen Menschen allein. Der Glaube an geistige Wirklichkeit stellt im Unterschied etwa zum Mittelalter keine lebensbegründende und lebensstrukturierende Willensbeziehung mehr dar, sondern wird zu einem bloßen Fürwahrhalten. Sichere Erkenntnis erscheint in diesen Gebieten von vornherein als problematisch, mit der Gefahr, der Dogmatik zu verfallen.

Früher stand der Engel gleichsam an der Grenze zur Natur, indem er für das menschliche Erleben deren

Zusammenhang bildete. Und er stand an der Grenze zum Geist, indem er, selbst ein Bote des Geistes, in der menschlichen Seele auftrat und Gedanken wie Wahrnehmungen vermittelte, die Einsichten über geistige Wirklichkeit möglich machten. Die Wahrnehmungen der Natur schloss er zu einem Ganzen zusammen; Begriffe der geistigen Welt brachte der Engel an den Menschen heran, ohne dass das menschliche Ich sie selbst denken musste. So erschienen die vom Engel vermittelten Begriffe des Geistes wie Wahrnehmungen in einem Bereich, der den Sinnen nicht zugänglich ist. – Aber es handelte sich in beiden Richtungen nicht um ein äußeres, abstraktes Verhältnis. Die Natur wurde nicht einfach als äußeres Objekt von der inneren Seele wahrgenommen, die geistige Welt erschien nicht als unbeteiligt lassender Erkenntnisbereich; Begriffe wirkten als Kraft, nicht als abstrakte Elemente einer theoretischen Verstandesoperation. Das Ich war als empfindendes Wesen dabei, es erlebte sich, indem es der Natur gegenüberstand, und es erlebte sich selbst, indem es den Geist in den Begriffen spürte. In der Empfindung entstand eine Selbstwahrnehmung des Menschen als ein mittleres Wesen zwischen Natur und Geist, als des einzigen Wesens, das Natur und Geist in sich bewusst zu verbinden vermag.

In der Gegenwart ist ein vergleichbares Lebensgefühl allenfalls noch in der Kindheit anzutreffen und an Kindern der eigenen Umgebung zu studieren. Allerdings ist sicherlich leicht nachzuvollziehen, dass auch das Lebensgefühl der Kindheit verschwindet, nachdem die innere Empfindung der Einbettung in Natur und geistiger Welt verloren gegangen ist. Der Verlust der Kindheit, vielfach diagnostiziert, hängt mit dem Verlust des Engels zusammen.

Sicherlich hat sich der Mensch durch diese Entwicklung als eigenständiges Wesen sehen gelernt. Das Ich ist sich selber konturierter geworden, hat sich verstärkt, gerade indem die Einbettung in Natur und geistige Wirklichkeit zurücktrat. Es stellte sich jedoch zunehmend ein Gefühl der Einsamkeit als Grundstimmung der eigenen Existenz ein. Das Ich als Bestandteil der Seele, innerhalb eines Leibes existierend, der seinerseits Bestandteil der Natur zu sein scheint. Der Leib dabei als Grundlage und Grenze der eigenen Individualität, durchaus im beschriebenen mittelalterlichen Sinne. Das Ich im Leib lebend, damit aber nicht nur der Natur, sondern auch dem anderen Menschen gegenüber abgegrenzt und auf sich selbst verwiesen, denn auch der Leib funktioniert nicht nach den Gesetzen des Ich, sondern nach den Gegebenheiten der Natur. Ein solches Ich, das erlebend den Naturzusammenhang verliert, sich selbst, obwohl sich als Naturwesen empfindend, außerhalb der Natur sieht; ein solches Ich, dessen denkende Begriffsarbeit eine geistige Welt immer weiter in die Ferne rückt, fühlt sich in sich selbst fremd.

Der Engel bildete in älteren Zeiten eine Art geistigen Träger des Ich. Das Mittelalter hätte von der Ich-Substanz gesprochen. Die Natur und Geistbezüge, die der Engel in Wahrnehmung und Denken herstellte, bildeten das Lebensgefühl und das Lebensumfeld des Ich. Nach dem Verlust des Engels ist das Ich aufgerufen, in Wahrnehmung und Denken dieses Existenzumfeld selbst wieder herzustellen.

Zu fragen ist, ob nicht neuere Krankheitsformen ursächlich auf den Prozess der Existenzvereinsamung zurückzuführen sind. Der Verlust des Engels hat die leiblichen, seelischen und geistigen Existenzbedingungen des Menschen verändert. Die Fremdheit kann im eigenen Leib als Einkerkerung empfunden werden; als Isolation, die nicht zu überwinden ist und dann als Kraft in Angstzuständen sich auslebt. Die Natur, zu der ich erlebend keinen Zugang mehr habe, steht in der Gefahr «ausgebeutet» und zerstört zu werden. Aber gleichzeitig zerstöre ich meinen Organismus, den ich als Teil dieser Natur erlebe. Denn die Organe sind darauf angewiesen, in ihrer Zugehörigkeit zum Ich erlebt zu werden – nur so können sie gesund dem menschlichen Lebenszusammenhang eingegliedert sein.

Das Ich, das seine Bezogenheit auf eine geistige Wirklichkeit nicht mehr spürt, fühlt sich auch im Kosmos allein; die Erde erscheint als das berühmte Staubkorn im Weltenall, trotz aller biologischer Entwicklung im Ganzen zur Bedeutungslosigkeit verdammt; die Menschheit und darüber hinaus das eigene Ich erscheinen als in der immensen Gesamtdauer kosmologischer Entwicklung vergängliches Nebenprodukt einer mechanisch biologischen Zufälligkeit. Übrig bleibt ein Gefühlsleben, mit dem das Ich hochidentifiziert ist, von dem es aber zugleich bemerken muss, dass es in manchem demjenigen des Tieres nahe kommt und dass es trotz aller Intensität sehr wechselhaft ist. Es tritt das Empfinden der multiplen Persönlichkeit auf: Wer bin ich eigentlich, wenn dasjenige, was mir am nächsten ist, Gefühle und Empfindungen, gerade dann so stark wechseln, wenn sie intensiv auftreten? Wie kann ein Ich sich selbst ernst nehmen und halten, das in diesen Gefühlen, aber auch in Gedanken und Willensausrichtungen sich selbst als Wirkung von körperlich-biologischen Prozessen erscheint?

Der Verlust des Engels als geistige Trägersubstanz des Ich hat Auswirkungen bis in die Grundlagen des eigenen Lebensgefühls, verändert die Beziehung zwischen Seele und Leib im Menschen. Organe, die rein biologisch zu funktionieren scheinen, verlieren den Bezug zum Ich und entwickeln krankhafte Eigengesetzlichkeit. Dennoch führt die Trennung vom Engel zu einer Emanzipation des Ich und kann nicht rückgängig gemacht werden. Gibt es einen Weg, ein gegenwartsfähiges und zukunftsgerichtetes Verhältnis zum Engel zu entwickeln, das Kräfte in sich enthält, die Gesundungsprozesse in Seele und Leib ermöglichen?

Der Traum

In Traum und Schlaf besteht für den Menschen eine chaotische bzw. unbewusste Beziehung zu geistiger Wirklichkeit. Wie auch immer man zur geistigen (d.h. nichtsinnlichen) Welt steht, ob man sie als Illusion, Phantasieprodukt oder Realität ansieht: Es ist unbestreitbar, dass sich in Traum und Schlaf Existenzformen des Menschen zeigen, die sich von seinem bewussten Leben in der Sinneswelt unterscheiden. Und der Mensch steht als existenziell erlebendes Wesen im Traumgeschehen; nur durch das Erwachen, nicht innerhalb der Sphäre des Traumes, kann er sich von den entsprechenden Erlebnissen befreien. Der Übergang in den Wachzustand und damit in das Selbsterleben in einer sinnlich wahrnehmbaren Welt kann dem Traum gegenüber als Befreiung empfunden, aber auch als Herausreißen aus einem Lebenselement erlebt werden, das noch seelische Befriedigung verleiht.

Traum und Schlaf sind im 20. Jahrhundert umfassend untersucht worden. Für die Psychologie und Psychotherapie hat insbesondere Sigmund Freud mit seiner zu Beginn des 20. Jahrhunderts erschienenen «Traumdeutung» weit reichende Grundlagen geschaffen, die vielleicht weniger für ein Verständnis der Trauminhalte im Sinne der Psychoanalyse als in der Beschreibung von Darstellungs- und Wirkungsweisen des Traumes von Bedeutung sind. – An dieser Stelle interessiert aber eher die Frage, inwiefern das geisteswissenschaftlich beobachtete Traum- und Schlafgeschehen Auskunft geben kann über den Menschen, so dass nicht allein die Erlebniswelt des Tages, die ihn in die Sinneswelt versetzt, über sein Wesen aussagefähig ist. Denn wie immer die Beziehung des Traumes zu einer irdischen oder übersinnlichen «Wirklichkeit» beurteilt werden mag, so stellt er doch eine Erlebnisform dar, in der die Grenzen der Sinnesanschauung überschritten werden. So wirft er beispiels-weise die interessante Frage auf, ob es ein Erwachen aus der am Tage erlebten Sinneswelt und dem entsprechenden Selbstbewusstsein des Menschen geben kann, so wie das Erwachen aus dem Traum dessen Beziehung zur Wirklichkeit zeigen kann. Solange man träumt, bestehen in der Regel am Realitätserleben des Geträumten keine Zweifel; nur der Übergang in eine andere Bewusstseinswirklichkeit qualifiziert den Traum als «Nichtwirklichkeit» oder als phantasievoll ausgestaltete «Teilwirklichkeit». Gibt es ein entsprechendes Aufwachen aus der Welt des Tagesbewusstseins? Dieses Problem verschärft sich, wenn man bedenkt, dass auch im Traum erlebte Wirklichkeitskontrollen und -korrekturen innerhalb des Traumbewusstseins verbleiben, also ihrerseits erst durch den Übergang in eine andere (vielleicht höhere) Bewusstseinsstufe zu beurteilen sind.

Im Traum kann als Erlebnisphänomen die *Verschmelzung* mit Gegenständen, Personen und seelischen Situationen auftreten. Eine erhöhte Körpertemperatur (oder auch Außentemperatur) kann eine solche Tendenz verstärken. Beispielsweise gibt es Erlebnisse, die die Grenzen zwischen Pilot und Flugzeug aufheben, wenn man im Traum eine solche Flugsituation erlebt. Ein Autounfall kann so empfunden werden, dass nicht das Auto, sondern das träumende Subjekt selbst kollidiert. Eindrücke, die im Traum zunächst einem anderen Menschen zugeschrieben werden, können in das Welterleben des Träumers übergehen. Auch das Selbsterleben einer anderen Person kann sich zum eigenen Selbsterleben wandeln, während eine eigene Erlebnissituation im Traum wie von außen angesehen und empfunden werden kann: Eine Gefahr, zunächst von «innen» erlebt, kann die eigene Person so objektivieren, dass sie wie von außen angeschaut wird (vielleicht ohne dass das begleitende Angstgefühl sich reduziert). Eine

Spaltungstendenz im Hinblick auf die eigene Person und das Selbsterleben kann sich auch dahingehend zeigen, dass das eigene Handeln oder der Seelenzustand zugleich empfunden als auch von außen beobachtet werden können. Der Träumer blickt dann von außen auf sich selbst als innerlich sich empfindendes oder intentionales Wesen.

Außerdem verschiebt der Traum die *Grenzen von Raum und Zeit.* Aristoteles spricht im 4. vorchristlichen Jahrhundert in zwei Traumschriften davon, dass im Traum wahrnehmbar wird, wofür der wache Mensch noch nicht sensibilisiert ist.[10] Es zeigen sich feinere Wahrnehmungen, Empfindungen, Gedanken, die vom lauten Tagesgeschehen so überdeckt werden, wie der Straßenlärm den Gesang eines Vogels unhörbar machen kann. Krankheiten, die sich im Tagesbewusstsein erst später zeigen, können im Traum schon vorab wahrgenommen werden – Aristoteles zufolge aber nicht, weil der Traum Zukunft vorwegnimmt, sondern weil der Mensch im Traum Entwicklungen auch im eigenen Organismus empfindet, für deren Wahrnehmung sein Tagesbewusstsein noch nicht genügend sensibilisiert ist. Gleiches kann auch für biographische Entwicklungen gelten; wenn eine entsprechende Situation oder ein Ereignis dann für das Tageserleben eintritt, entsteht der Eindruck, es sei in einem Traum «vorweggenommen» worden.

Für die Persönlichkeit wichtige, im Kindesalter aber kaum verständliche seelische Merkmale oder Konfigurationen können in dem Traum eines Kindes auftreten und sich vielleicht erst Jahrzehnte später im Wachleben zeigen. Beispielsweise ist denkbar, dass das Kind einen bestimmten Menschentypus intensiv träumt, der dann individualisiert viele Jahre darauf im Leben des inzwischen Erwachsenen eine wichtige Rolle spielen kann. – Solche Erlebnisse weisen darauf hin, dass die Verhältnisse von Vergangenheit, Gegenwart und Zukunft für eine tiefere seelische Wirklichkeitsschicht und im Gesamtzusammenhang des Schicksals andere Geltung besitzen als für das Tagesbewusstsein. Damit weist aber das Traumerleben auf eine Existenzwirklichkeit des Menschen jenseits der Schwelle zur geistigen Welt.

Ähnliches gilt auch für die Raumdimensionen. Der Träumende überwindet selbst große Distanzen mühelos und in kürzester Zeit. Es gibt im Traum Betrachtungsweisen, die sich als Blick von innen, aus den Dingen heraus bezeichnen lassen, also die Perspektive des Zentrums und der Peripherie austauschen. In manchen Träumen kann die ganze Erde wie aus einer kosmischen Perspektive von außen betrachtet werden; der Träumer nimmt dann innerlich an einem Geschehen teil, das sich etwa in einem ganzen Erdteil oder an einem bestimmten Punkt der Erde wie «zusammenbraut». In mancher Hinsicht verliert der Traum in solchen Zusammenhängen seine eindeutig räumliche Dimension und geht in ein rein seelisches Erleben über.

Weiter ist gelegentlich zu beobachten, wie die Grenzen gegenüber der Naturumgebung und auch der historischen Vergangenheit schwinden. Ein Natureindruck kann im Traum so intensiv werden, dass die Subjekt-Objekt-Verhältnisse durchlässig werden: Der Träumende erlebt sich dann selbst aus der Landschaft heraus oder auch in dem Licht und der Wärme, die sich mit einem bestimmten Elementarempfinden vereinigen. Eine objektive historische Situation, die beispielsweise Jahrzehnte zurückliegen kann, ohne dass der Träumende daran beteiligt gewesen wäre, tritt möglicherweise zunächst wie von außen angeschaut, dann aber in der Dimension eines Erlebens aus der Situation selbst heraus auf. Für den Naturzusammenhang und für die historische Chronologie gilt gleichermaßen, dass das (subjektive) Erleben einer gegebenen (objektiven) Wirklichkeit in Frage gestellt wird. Die Ebenen der «Tatsachen» und «Gegebenheiten» einerseits sowie der «persönlichen» Empfindung und «individuellen» Reaktion sind nicht im gewöhnlichem Sinne zu halten. Das Gefühl der Erlösung oder Befreiung nach dem Erwachen ist oft auch einfach darin begründet, dass die «normalen» Erlebnisformen plötzlich wiederhergestellt erscheinen. Auch ohne dass der Traum selbst unmittelbar belastenden Charakter hatte, kann er doch verunsichernd wirken, indem er völlig neue Verhältnisse an der Innen-Außen-Grenze herstellt.

Damit deutet sich für die historische Realität an, dass sie nicht nur vergangen ist, sondern als eine Erlebnisdimension in der menschlichen Seele gegenwärtig bleibt; für das Naturerleben zeigt sich, dass der Mensch, wie etwa auch in der «normalen» Wärmeempfindung, die Elemente und Substanzen nicht nur außer sich und durch seinen Organismus an sich selbst beobachten kann, sondern dass er von der äußeren elementarischen Welt auch seelisch wie durchdrungen ist. Hier deutet sich an, dass die seelische Innerlichkeit des Menschen eine objektive Entsprechung und Qualität im Elementarreich besitzt. Für die Depressivität einer Winterstimmung, die Grandiosität eines Gewitters oder einer Berglandschaft im Morgen- und Abendlicht ist kaum auszumachen, wo äußere «Objektivität» des Naturzusammenhangs aufhört und «subjektive» Erlebnisqualität beginnt. Die starre Unterscheidung von Materiellem einerseits und Psychischem andererseits wird offener, sobald sich für den Bereich der Elemente zeigt, dass in Wahrnehmung und Empfindung kein Äußeres ohne Innenerleben und kein Innenerleben ohne äußere Anregung zu denken ist. Wärme und Licht eines Feuers werden umso tiefer empfunden, wenn sie als seelische Qualitäten ausgeprägt sind; umgekehrt weist das Feuer «draußen» darauf hin, dass Wärme und Licht als seelische Qualitäten auch Eigenschaften besitzen, die überpersönlicher, elementarer Natur sind:

Gerade in der Intensität des seelischen Empfindens kommt etwas zum Ausdruck, was sich nicht auf seelische Existenz und menschliche Individualität beschränkt, aber oftmals mit ihr verwechselt wird – das kann zu weit reichenden Fehleinschätzungen und Lebensproblemen führen.

Der elementare Charakter seelischer Empfindung weist auf *wirksame Kräfte* im Menschen. Der Traum bringt diese Kräfte direkter in das Erleben als das Tagesbewusstsein. Im Traumbild lebt unmittelbar eine Kraft seelischer Intensität, die ein Vorstellungs-, Wahrnehmungs- oder Erinnerungsbild im Tagesbewusstsein oft nicht besitzt. Der Kraftbereich des Tagesbewusstseins wird weitgehend von Willensbestrebungen, Instinkten, Bedürfnissen bestimmt; die Kraftseite des Gefühls speist sich ebenfalls aus diesen Regionen. Im Traum sind Innen- und Außenwelt in der beschriebenen Weise näher zusammengerückt; deshalb weist der Traum darauf hin, wie ein und dieselbe Kraft als Erlebnisintensität im seelischen Innenbereich und als Elementarkraft im Naturgeschehen wirkt. Eine nähere, einfühlende Beschäftigung mit diesem Zusammenhang macht deutlich, wie durch die unteren Elemente Erde, Wasser, Luft und Feuer (bzw. Wärme), aber auch in den oberen Elementen wie Licht- und Gestaltungskräften Seele und Natur eng zusammengehören und eine Subjekt-Objekt-Unterscheidung nicht mehr einfach möglich ist.

Die Aufhebung der Grenze zwischen Subjekt und Objekt ist ein Kennzeichen der Schwelle zur geistigen Welt, und ein Verständnis dieser Tatsache kann eine geistige Perspektive auf die Existenzform des Engels eröffnen. Denn der Engel lebt in einer Wirklichkeit, in der Selbsterkenntnis und Gegenstandserkenntnis, Selbsterleben und Welterleben nicht zu trennen sind. In demselben Vorgang, in dem sich der Engel der Welt und ihren Gegenständen zuwendet, wendet er sich sich selbst zu. Seine Erkenntnis und sein

Erleben der Luft einerseits und die Luftbewegung andererseits gehören untrennbar zusammen. Deshalb heißt es im Johannes-Evangelium (3,8): «Der Geist (Wind) weht, wo er will» – das hier verwendete griechische Wort pneuma bedeutet zugleich Geist und Lufthauch. Und die Fortsetzung lautet: «So verhält es sich mit jedem, der aus dem Geist (Wind: pneuma) geboren ist.»

Für den Engel sind (Erkenntnis-)Bild und Wirkungskraft nicht zu trennen. Beim Menschen kann der geistige Prozess ohne Kraftwirkung rein im Bild verbleiben; die Vorstellung des Windes bewegt noch nicht die Luft. Selbst die korrekte Erkenntnis der Windentstehung beispielsweise durch Wärmeverhältnisse in der Atmosphäre bringt den entsprechenden Elementenvorgang nicht hervor. Der Engel dagegen steht stets in der Kraftwirkung seiner geistigen Bewegung, auch wenn er sich irrt; dieses Thema wurde im Mittelalter unter dem Begriff der «gefallenen Engel» diskutiert. Der Mensch, dessen Denken beispielsweise im Hinblick auf den Wind irrt, kann den Irrtum korrigieren, ohne dass er die Folgen des Irrtums in der Lebenswirklichkeit unbedingt auskosten muss; der Engel dagegen hätte es immer mit realen Wirkungskonsequenzen des Erkenntnisirrtums zu tun. Der Traum führt den Menschen einen Schritt näher an diese Existenzform des Engels heran, denn im Traum lebt die Seele unmittelbarer in den Kraftwirkungen ihres Vorstellungslebens, als dies in der Tagesexistenz der Fall ist.

Die Frage lautet, wie der Traum zur Annäherung an den Engel ernst genommen werden kann, während zugleich seine illusionäre Charakteristik begriffen und überwunden wird. Dies ist, wie erwähnt, nicht im Traum selbst möglich, nicht im Schlaf, sondern nur durch Aufwachen. Das erwachte Tagesleben ist zunächst von der geistigen Welt abgeschnitten; das Traumleben kündet von einer geistigen Wirklichkeit, kann sie aber nur nicht wirklich erfassen; der traumlose Schlaf führt den Menschen in die geistige Existenzsphäre, bleibt aber unbewusst. Es käme nun darauf an, die Bewusstheit des Tages auf den Schlaf anzuwenden, nicht aber in der illusionären Weise des Traumes, sondern gleichsam in einem befreiten Traumbewusstsein, das durch das bewusste Ich geführt werden kann und Wirklichkeit ergreift. Dieser Vorgang könnte als ein Erwachen für das Traumleben bezeichnet werden, wodurch sich der unwillkürliche nächtliche Traum übrigens spürbar verändert – er wird stärker wirklichkeitsbezogen. Die bewusste Annäherung an geistige Wirklichkeit übt einen klärenden Einfluss auf das natürliche Traumgeschehen aus, oftmals auch in der Weise, dass der betreffende Mensch dann zunächst weniger träumt.

Das geistige Erwachen für den Traum, das dem Menschen den Engel näher bringt, bedeutet für das Tagesleben umgekehrt die Bemühung, den Traumprozess im Wachen wiederzuerkennen. Im Traum wird eine innere Kraft erlebbar; diese Kraft bindet den Träumer für die unmittelbare Erlebnissituation an das Traumgeschehen. Sie ist Ausdruck einer geistigen Kraft, die allerdings nicht im Element des wachen Tagesbewusstseins und auch nicht als Wirkungskraft, sondern eben als Kraft im Erleben und Empfinden auftritt. Im Tagesbewusstsein verbirgt sich diese Kraft zunächst in Wahrnehmung, Vorstellung und Erinnerung. Die geistige Kraft, die im Traum wirkt und sich im Erleben des Träumers zeigt (aber auch verhüllt), spaltet sich im Tageserleben in Wahrnehmung, Vorstellung (Denken) und Erinnerung. Wie die Seele im Traum von dieser Kraft in ihrem Erleben bestimmt wird, so auch im Tagesbewusstsein; allerdings führt hier die Aufspaltung zu einer anderen Erlebnisform. Dennoch wird das seelische Tageserleben vollständig von dieser Kraft bestimmt. Nur fühlt sich die Seele in der Wahrnehmung weniger aktiv, in der anschließenden

Vorstellungs- und Urteilsbildung und in der Erinnerung dagegen stärker in Tätigkeit. Durch den Aktivitätsanteil in Vorstellungsbildung und Erinnerung fühlt sich die Seele der Erlebniskraft weniger ausgeliefert als im Traum, obwohl die Sinneswahrnehmung ebenfalls keinen Tätigkeitsanteil zu besitzen scheint.

Durch kontinuierliche Willensanstrengung kann nun allmählich bewirkt werden, dass Wahrnehmung, Vorstellung und Erinnerung auch für das Tageserleben tendenziell eine Einheit bilden und damit dem Traumgeschehen näher kommen. Dieser Entwicklungsvorgang entspricht der Geistselbst-Ebene, auf der der Engel anzutreffen ist. Auf ihr zeigt sich, dass die Sinneswahrnehmung keine Aufnahme von äußeren Fakten ist; dass die Verarbeitung der Welterfahrung zu Vorstellungen starke Willens- und Phantasieanteile besitzt; dass der Erinnerungsprozess keine Wiedergabe von erlebter Vergangenheit, sondern jeweils die Zukunft gegenwärtiger Wahrnehmung und Vorstellungsbildung ist. Die Sinneswahrnehmung des Menschen ist nicht technisch reproduzierbar: Was ich beispielsweise an einer Blume wahrnehme, hängt von meinem Interesse, von meiner Vorerfahrung, von meiner Willenskonsequenz ab, mit der ich die Blume betrachte. Auf der Ebene des Geistselbst wird deutlich, dass mir nicht eine «objektive» Außenwelt nur entgegentritt, sondern dass ich mich in dieser Welt als Subjekt der Wahrnehmung befinde – wie sie mir entgegentritt und was mir entgegentritt, bestimme ich durch die Art meines Drinnenstehens. Die Grenze zwischen dem «Innen» des Wahrnehmungs- und Erlebniseindrucks und dem «Außen» des in der Welt Wahrgenommenen wird durchlässiger. Sie nähert sich dabei dem Bewusstsein des Engels, das durch die Entsprechung von Selbsterkenntnis und Welterkenntnis bestimmt ist.

Ähnliches gilt auch für die Vorstellungsbildung (Denken)

und für die Erinnerungsbildung. Sie erweisen sich ebenfalls als subjektiv und objektiv zugleich. Das Denken gibt weder für das Bewusstsein eine draußen existierende «objektive» Welt wieder, noch kann es als rein «subjektive» und willkürliche Vorstellungsgestaltung angesehen werden. In das Denken gehen Vorerfahrungen, geht das am Gegenstand entwickelte Interesse, geht die Phantasiebildung als entscheidendes Element der Urteilsbildung ein. Die Erinnerung kann aus der eigenen Willenssphäre eine Richtung erhalten; sie muss sich dann dem Menschen nicht mehr aufdrängen, sie ist nicht einfach gegeben. In der Erinnerung wird nicht nur abgespiegelt, was der Mensch erlebt hat, sondern sie fängt an sich zu verwandeln, wenn geistige Aktivität entsteht. Dann wird die Erinnerung zum Material innerer Bearbeitung, aber sie verliert auch ihren starren abbildenden Charakter. Es wird klar, wie in ihr, meist unerkannt, Willenskräfte arbeiten, die sich nicht unmittelbar zeigen, wohl aber nach längerer Zeit der Bemühung. Dann kann sich ein kleines Mysterium offenbaren: dass die Erinnerung von der Gegenwart aus gesehen die Zukunft einer jetzigen Erlebnissituation bildet. Und dass ich in dieser Erwartungshaltung wissen kann, dass meine gegenwärtige Lebens- und Erlebenssituation nicht vorbei ist, wenn sie zu Ende geht, sondern dass ich sie in der Erinnerung willentlich weiter in mir tragen kann, weiter an ihr arbeiten kann.

In dem Maße, in dem es mir gelingt, diesen Zusammenhang zwischen Wahrnehmung, Vorstellung und Erinnerung herzustellen, nähere ich mein Tagesbewusstsein dem traumbildenden Prozess an. In demselben Maße kann ich als bewusster und nicht nur erlebender Mensch diejenige Kraft handhaben, die mich im Traum so unmittelbar in einen bestimmten Erlebnisbereich bannt.

Das dritte irdische Lebenselement des Menschen neben Traum und Wachbewusstsein bildet der traumlose Schlaf.

Fast paradox könnte man formulieren: Das Erwachen des Tagesbewusstseins für den Schlaf ermöglicht den Übergang in den geistigen Bereich, in dem der Engel dem Menschen begegnen kann. Denn der Engel existiert in einem Element, das sich für den Menschen in die drei genannten Zustände zergliedert und erst in der Zergliederung die Trennung von Selbstbewusstsein und Weltbewusstsein entstehen lässt. Im Traum wirkt eine Kraft, die das Erlebnis (manchmal existenziell) bindet, aber illusionär bleibt – sie verschwindet beim Erwachen. Der Zustand im Schlaf bleibt dem Menschen unbewusst; die geistige Kraft, die während des Schlafes wirkt, hat keine Erscheinungs- und Erlebnisform.

Daraus ergibt sich, dass der Schlaf ebenso wenig als herabgedämpfte Form des Tagesbewusstseins verstanden werden kann wie der Traum. Vielmehr kann der Traum als chaotische Erscheinungsform derjenigen geistigen Kraft gelten, die im Schlaf wirkt. Der traumlose Schlaf des Menschen stellt für den mit ihm verbundenen Engel lichtklares Bewusstsein dar; der Traum des Menschen spaltet dieses Bewusstsein des Engels in eine illusionäre Inhalts- oder Bildseite und in eine reale, vom Menschen als bindend und involvierend erlebte Kraftseite. Das Tagesbewusstsein setzt diese Spaltung des Engelbewusstseins fort, indem die Welt zunächst als Bild und nur der menschliche Wille und das innere Bedürfnissystem als Kraft empfunden werden. Der Engel aber existiert in der Einheit von Bild und Kraft, die für den Menschen nur im traumlosen Schlaf gegeben ist.

Es kann in dem Maße zu einer Annäherung an das Bewusstsein des Engels kommen, in dem die im Traum erlebte Kraft im Wachen vom Menschen zu der beschriebenen Integration von Wahrnehmung, Vorstellung und Erinnerung willentlich umgeschmolzen wird. Damit entsteht während des Tages nach und nach eine Empfindungsfähigkeit, die sonst in der Dunkelheit des traumlosen Schlafes verborgen bleibt. In demselben Prozess kann sich allmählich auch eine Harmonisierung von Tagesbewusstsein, Traum und Schlaf entwickeln; sie ist ein Zeichen dafür, dass der Mensch sich seelisch-geistig an diejenige Sphäre heranarbeitet, die man als das menschliche Schicksal bezeichnet und die von dem Engel begleitet wird, der früher als «Schutzengel» galt.

Gegenüber geistiger Wirklichkeit kann das Wachbewusstsein als Fortsetzung des Traumes mit anderen Mitteln erscheinen. Aber auch das Umgekehrte gilt: Im Traum setzt sich fort, was im Tagesbewusstsein nur durch die Sinneswahrnehmung und die Denkaktivität verändert wird. Wie nahe Traum und Wachen zusammengehören, kann vor allem an Kindern erlebt werden, wenn diese nur schwer aus einem Traum erwachen und den Übergang zum Tagesbewusstsein nicht vollziehen können. Der Traumprozess, aber auch der Tagesprozess im Verhältnis von Wahrnehmung, Vorstellung und Erinnerung weisen auf die Berührung von ätherischer und astralischer Wirklichkeit im Menschen. Die ätherische Wirklichkeit zeigt sich im Lebensprozess, in den lebendigen Funktionen der Organe und ihres Zusammenhangs, aber auch im Lebensprozess der Biographie, in der Wahrnehmungsentstehung, Vorstellungs- und Erinnerungsbildung. Astrale Wirklichkeit zeigt sich in dem Erleben der menschlichen Seele, die all diese Vorgänge wahrnimmt und empfindend darauf reagiert. An dieser Grenze von ätherischer und astraler Wirklichkeit, von Sein und Bewusstsein, von Leben und Erleben ist der Engel anzutreffen. Eine Sensibilisierung für diesen Bereich bedeutet, dem Engel allmählich näher zu kommen. Der Traum kann dazu in seinem Verhältnis zum Tagesbewusstsein und zum Schlaf Ausgangspunkt sein.

Die Grenze von Sein und Bewusstsein, an der sich der Engel zeigen kann, besteht nicht nur in menschlichen Seelenzuständen, sondern auch in der Natur. Durch die Sinneswahrnehmung wird der Natur eine unmittelbare, «feste» Wirklichkeit zugeschrieben; das macht ihren Seinscharakter aus. Aber der Mensch tritt der Natur als wahrnehmendes und erlebendes Wesen gegenüber; das macht ihren Bewusstseinscharakter aus. Nur indem der Mensch die Natur erkennt und erlebt, nimmt sie für ihn den «festen» Seinszustand an. Es ist der Mensch, der zwischen der «materiellen» Wirklichkeitsseite der Natur und seinem eigenen «seelischen» Erleben der Natur unterscheidet.

Schelling schreibt in einer relativ frühen Darstellung (1800): «Was wir Natur nennen, ist ein Gedicht, das in geheimer wunderbarer Schrift verschlossen liegt. Doch könnte das Rätsel sich enthüllen, würden wir die Odyssee des Geistes darin erkennen, der wunderbar getäuscht, sich selber suchend, sich selber flieht; denn durch die Sinnenwelt blickt nur wie durch Worte der Sinn, nur wie durch halbdurchsichtigen Nebel das Land der Phantasie, nach dem wir trachten. Jedes herrliche Gemälde entsteht dadurch gleichsam, dass die unsichtbare Scheidewand aufgehoben wird, welche die wirkliche und idealische Welt trennt …»[11] Zu berücksichtigen ist bei dieser Aussage, dass das «Land der Phantasie» und die «idealische Welt» als höhere und letztlich auch «festere» Wirklichkeiten gemeint sind als die Natur, die auf sie hinweist. Phantasie und Ideal gelten Schelling als diejenigen Kräfte der Seele, die innerhalb der Natur erst Wirklichkeit freilegen.

Und in seinem Dialog «Clara» lässt Schelling einen der Gesprächspartner aussprechen: «O nicht jene Trümmer uralter menschlicher Herrlichkeit, wegen welcher der

Neugierige die Wüsten Persiens oder Indiens Einöden aufsucht, sind die eigentlichen Ruinen; die ganze Erde ist eine große Ruine, worin Tiere als Gespenster, Menschen als Geister hausen, und worin viele verborgene Kräfte und Schätze wie durch unsichtbare Mächte und wie durch den Bann eines Zauberers festgehalten sind. Und diese verschlossenen Kräfte wollen wir anklagen, und nicht vielmehr darauf denken, sie zuerst in uns zu befreien? Zwar der Mensch in seiner Art ist nicht weniger verzaubert und verwandelt. Darum sandte der Himmel von Zeit zu Zeit höhere Wesen, die durch wunderbare Gesänge und Zaubersprüche den Bann in seinem Innern lösen, ihm den Blick in die höhere Welt wieder öffnen sollten.»[12] Im Sinne Schellings kann der Mensch die Natur entzaubern, indem er sie verstehen lernt; und er lernt sie verstehen, indem er sich selbst als in der Natur und durch die Natur lebendes Wesen begreift. Die Selbsterkenntnis als Selbstentzauberung des Menschen führt zur Befreiung der Natur aus einem gewissen Bann. In älteren Zeiten sollten Engelwesen helfen, die entsprechende Erkenntnis und Erlebnisform zu entwickeln.

Nüchterner, aber in gleicher Blickrichtung heißt es in Hegels «Enzyklopädie der philosophischen Wissenschaften»: «Hiermit haben wir unsere Naturbetrachtung bis an ihre Grenze geführt. Der Geist, der sich erfasst hat, will sich auch in der Natur erkennen, den Verlust seiner wieder aufheben. Diese Versöhnung des Geistes mit der Natur und der Wirklichkeit ist allein seine wahrhafte Befreiung ...»[13] Und in seiner «Phänomenologie des Geistes» formuliert Hegel etwas konkreter im Hinblick auf die Materie: «Die Materie ist hingegen nicht ein seiendes Ding, sondern das Sein als Allgemeines oder in der Weise des Begriffs.»[14] Die Grenze der Naturerkenntnis bedeutet für Hegel: Der Geist wird nur frei, wenn er sich selbst auch in der Natur wiedererkennt, wenn «Natur» und «Wirklichkeit» in ihrer geistigen Substanz durchschaut werden. Ähnliches gilt auch für die Erkenntnis aller Materie; indem sie ihre Geistrealität zeigt, verliert der Geist seine zuvor noch abstrakte und unwirkliche Existenz.

Mit dieser Betrachtung akzentuiert Hegel die Gegenseite der Position Schellings, aber nicht einen Gegensatz zu ihr. Während Schelling die Befreiung der gebannten Natur durch den Geist anstrebt, will Hegel den Geist befreien, indem dieser sich in der Natur wieder erkennt. In beiden philosophischen Willensrichtungen lebt letztlich die Doppelexistenz des Engels, der sich als konkreter Geist selbst erkennt, indem er geistig Natur wird, und der die Natur erkennt, indem er geistig sich selbst begreift – der Engel als dasjenige Wesen, in dessen Existenz Selbsterkenntnis und Welterkenntnis zusammenfallen.

Im vierten Mysteriendrama Rudolf Steiners spricht Ahriman als geistiges Widersacherwesen das Substanzproblem von Natur und Materie an. In Ahrimans Aussage, szenisch im Erdinnern formuliert, kommt zum Ausdruck, dass die Erkenntnis der geistigen Substanz von Natur und Materie stets an die individuelle Erkenntnis- und Schicksalsentwicklung eines bestimmten Menschen gebunden sein muss. Das Wesen der Natur zu durchschauen kann nur in einer engen Verknüpfung mit dem Erwachen für die eigene Schicksalssituation gelingen. Natur und individuelles Schicksal rücken hier ganz nah zusammen, wenn Ahriman die Lebensentwicklung Straders anspricht, den Blick aus dem Innern der Erde nach oben zur Erdoberfläche richtend:

Es fällt jetzt Wesenszeug von oben her,
Das ich mir nutzen muss. Dämonenstoff
Verrinnt im Formbezirk. – Ein Mensch erstrebt
Die Geistsubstanz, die er von mir erhalten,
Aus seinem Wesen gänzlich auszutilgen.
...

Doch Strader wird das Geistgewirr, das als
Natur den Menschen gilt, vielleicht noch nicht
Als meinen Geistestross durchschauen können;
Und blindes Kraft- und Stoffgespinst vermuten,
Wo ich mit Geistverleugnung geistig schaffe.»[15]

In einer bestimmten Schicksalssituation berührt Strader die Grenze zwischen Natur und Geist. Was Ahriman als «Wesenszeug» und als «Dämonenstoff» bezeichnet, steht für einen Verdichtungsvorgang, für die Materialisierung, Formwerdung geistiger Tatsachen. Die Erde bringt in einen Formprozess, was vom Menschen als Gedanken- und Seelenregungen ausgeht. Man kann beispielsweise daran denken, in welcher Weise der Natur- und Materiebegriff des 19. Jahrhunderts im 20. Jahrhundert technische und Zivilisationsrealität geworden ist. Ahriman spricht in seiner verächtlichen Wortwahl vom «Geistgewirr», das die Menschen für die Natur halten. Er selbst sieht die so verstandene Natur als Wirkung seiner eigenen geistigen Kraft. Diese Kraft wird dadurch gekennzeichnet, dass sie «mit Geistverleugnung geistig schafft». Wo der Geist vergessen wird, entsteht gerade aus der Geistesferne heraus ein Natur- und Materiebegriff, der das geistige Wirken im Stoff-Materie-Zusammenhang nicht mehr wahrnimmt. Die Natur vergegenständlicht sich gleichsam zu einem «Objektiven» gegenüber dem Menschen; dieser bemerkt nicht mehr, dass er sein Bild der Natur durch eine bestimmte Denkweise selbst hervorgebracht hat.

Wie stark das Naturbild von der Verfasstheit der menschlichen Seele abhängt, hat Rudolf Steiner in einem Aufsatz des Jahres 1918 angedeutet. Er macht dort darauf aufmerksam, dass ein Eindruck von «Natur» im Menschen nur entstehen kann, weil sich dieser mit einem Interesse der Welt zuwendet, das Rudolf Steiner als Liebefähigkeit bezeichnet.

«Die Natur wird dem Menschen sinnlich-anschaulich dadurch, dass sein Wesen liebefähig ist. Für ein Wesen, das innerhalb des Sinnesfeldes nicht liebefähig wäre, fiele das ganze menschliche Naturbild hinweg. ... der Mensch wird durch diejenige Kraft in seiner Organisation, die ihn nach einer anderen Richtung liebefähig macht, in die Lage versetzt, sich vor seiner Seele solche Wirklichkeitsgebilde aufzurichten, durch welche die Natur sich ihm offenbart.»[16] Kurz davor finden sich die Sätze: «Was dem Menschenwesen die Kraft der Liebe, der Sympathie und Antipathie mit seiner sinnenfälligen Umgebung verleiht, das entzieht seiner auf die Naturdinge und Naturvorgänge gerichteten Erkenntnis die Möglichkeit, solche Wirklichkeitspfeiler wie ‚Kraft' oder ‚Stoff' begrifflich durchsichtig zu machen. Für denjenigen, der vermag, sich selbst einerseits im Naturerkennen, andererseits in der Liebesentfaltung selbsterkennend zu erleben, wird diese Eigenheit der menschlichen Organisation unmittelbar anschaulich.»[17]

Die sinnliche Anschaubarkeit der Natur wird hier direkt auf das Naturinteresse des Menschen zurückgeführt, das ihn liebefähig auf die Natur zugehen lässt. Durch die Liebefähigkeit ist eine Aktivität des Menschen gekennzeichnet. Er nimmt nicht nur passiv das Naturgeschehen wahr, sondern was ihm vor die sinnliche Wahrnehmung tritt, was sein Naturerleben begründet, hat er sich selbst als «Wirklichkeitsgebilde aufzurichten». Durch die seelische Tätigkeit, die Interesse und Liebefähigkeit hervorbringt, schafft sich der Mensch ein Naturbild, in dem sich das Wesen der Natur zeigen kann. Aber der Mensch bemerkt normalerweise nicht, dass er im Naturbild eine Schöpfung eigener seelischer Tätigkeit vor sich hat; er dringt in der Naturerkenntnis vor bis zu den Begriffen von «Stoff» und «Kraft», erlebt beide als gegeben und nicht durchdringbar. In den Aussagen Rudolf Steiners klingt an, dass die Selbsterkenntnis des Menschen durch diese Begriffe zum Wesen der Natur durchstoßen könnte. Allerdings handelt es sich dabei nicht um diejenige Selbstvergewisserung, die psychologisch als Selbsterkenntnis gilt, sondern um eine Selbstbeobachtung bei der Naturerkenntnis und bei der Tätigkeit der Liebeentfaltung. Diese Aussage nähert sich der alten christlich-esoterischen Anschauung, dass im Engel Selbsterkenntnis und Welterkenntnis zwei Aspekte ein und derselben Tätigkeit darstellen. Es wäre also zu prüfen, inwiefern die Erkenntnisleistung des Menschen, die hier von Rudolf Steiner berührt wird, diejenige geistige Ebene erreicht, auf der der Engel anzutreffen ist.

Der Engel kann dem Menschen auch im Naturprozess begegnen. Während das christliche Mittelalter stark die Empfindung hatte, dass in der Begegnung mit dem Begriff, wie sie sich im Denken vollzieht, eine Berührung des Engels stattfindet, muss der Blick in der Gegenwart eher (wie bereits erwähnt) auf die Wahrnehmung gelenkt werden. Das Denken erscheint als autonome Tätigkeit des Menschen, während in der Wahrnehmung ein objektives, gegenständlich Vorfindliches gegeben ist, das sich der menschlichen Tätigkeit zunächst entzieht.

Die Natur ist weitgehend vergegenständlicht. Sie ist messbar geworden, beispielsweise in Temperaturangaben, in der Bestimmung der Luftfeuchtigkeit etc. Doch was bedeutet die Aussage des Wetterberichts, dass die Temperaturen an diesem Tag 28 ° Celsius erreichen, bei einer Regenwahrscheinlichkeit von 35 Prozent? Kann man tatsächlich davon ausgehen, dass sich die Witterungsgeschehnisse «draußen» abspielen, oder liegt nicht in dieser Verobjektivierung doch unbemerkt die Erfahrung, die ich bei entsprechender Temperatur und Witterung bereits gemacht habe? Nur auf dem Hintergrund dieser Erfahrung ist die Aussage des Wetterberichts nachvollziehbar und sinnvoll.

Ich existiere als erlebender Mensch in der Natur und erstrebe ein gewisses mir zuträgliches Idealverhältnis, wie es sich beispielsweise in dem Bedürfnis nach Urlaub an einer bestimmten Stelle, zu einer bestimmten Jahreszeit zeigt. Das Erleben der Temperatur, des Sonnenscheins, des Regens vereinigt die Objektseite der Natur und die Subjektseite meiner selbst. Selbstverständlich kann ich in den Begriffen der Naturerkenntnis von der Erlebnisform abstrahieren, aber diese Abstraktion bleibt nur aussagefähig, wenn sie prinzipiell auf entsprechende Erlebnisse und Erfahrungen rückbezüglich ist.

Die Aufmerksamkeit auf diesen Zusammenhang bildet eine erste Grundlage zum Verständnis, wie der Engel in der Natur anzutreffen sein könnte. Er begegnet nämlich dort in der Wahrnehmung, wo es gelingt, die Subjekt- und die Objektseite gleichermaßen im Bewusstsein zu halten. Die Objektivität der Temperatur, der Witterung, des Sonnenscheins darf also nicht der Subjektivität meines Erlebens geopfert werden; andererseits darf dieses Erleben auch nicht zu stark bestimmt sein von einer Vergegenständlichung aus Vorstellungen heraus, die eine Natur «an sich» annehmen, die in jeder Hinsicht messbar ist. Schon kleine Versuche können die Schwierigkeiten zeigen, die mit einer solchen ausgeglichenen Wahrnehmungshaltung verbunden sind. Denn um das Gleichgewicht beider Seiten wirklich herzustellen, ist eine unmittelbare Präsenz, Wachheit, Aufmerksamkeit, Interessehaltung im Lebensaugenblick notwendig.

Der Engel bildet stets einen *Zusammenhang* der Witterung, der Landschaft, des Naturgeschehens. Der Zusammenhang aber beispielsweise einer Gewitterstimmung stellt sich nicht nur für die Wahrnehmung her, sondern hängt stark vom erlebenden Menschen ab. Die Gewitterstimmung ist durch Temperaturangaben, Lichtbeschreibungen, Feuchtigkeitsmessungen etc. nicht vollständig erfassbar. Welchen Ausschnitt der Landschaft ich in meine Beobachtung mit einbeziehe, ob ich den Regenbogen auf der anderen Seite auch noch wahrnehme, ob ich überhaupt empfänglich bin für das Ganze und seine Einzelheiten, hängt von mir als Beobachter ab. In dem Augenblick, in dem ich mir dieses Zusammenhangs bewusst werde, in welchem ich bildend stehe, berühre ich den Entstehungspunkt des Verhältnisses von Materie und Form im Sinnesprozess – und genau an dieser Stelle ist als Kraftprinzip Engelwirksamkeit anwesend. Die Erde, das Wasser, die Luft mit dem Licht und die Wärme sind selbstverständlich gegeben; wie sie sich aber zu einer Form im Einzelnen und im Gesamten etwa der Gewitterstimmung verbinden, hängt von meiner Aufmerksamkeit und Wahrnehmungsfähigkeit, meiner Erlebnisintensität im Augenblick ab. In diesem Moment ist der Engel zugegen; er ist niemals längerfristig erfahrbar, er existiert im Augenblick. Seine Seinsweise ist genau auf der Grenze zwischen meinem eigenen Erleben und äußerer Wirklichkeit. Er ist die äußere Wirklichkeit, aber nicht als starres Bild, nicht als gegebenes Geschehen, sondern als Kraft. Und diese Kraft ist in meinem Erleben anwesend: als Intensität meiner eigenen Erlebnistiefe, als diejenige «äußere» Kraft, die sich im inneren Erleben als das äußere Witterungsgeschehen darstellt.

Nun erscheint die Sinneswahrnehmung nicht mehr als Abbildung einer äußeren Wirklichkeit. Der Wahrnehmende ist nicht nur rezipierend tätig im Sinne einer Kamera oder eines akustischen Aufnahmegerätes, die in sein Inneres spiegeln, was sich draußen vollzieht. Natur und Mensch nähern sich vielmehr an, wenn die Natur nicht als äußere Materie vergegenständlicht, die Form nicht als unabhängig vom menschlichen Denken, das Erleben nicht als nur subjektives Empfinden gegenüber einer äußeren Objektivität angesehen werden. Wie differenziert ich Vögel, Blumen, Witterungsstimmungen wahrnehmen kann, hängt von meinem Interesse und meiner Aufmerksamkeit einerseits, von meiner Begriffsfähigkeit für die unterschiedlichen Formen, Arten und Erscheinungsweisen andererseits ab. Damit deutet sich an, dass der Augenblick der Wahrnehmungspräsenz nicht nur auf diesen Moment bezogen ist, sondern dass in ihm sich meine biographische Vergangenheit zusammenzieht, etwa all dasjenige, was ich über die Gegenstände der Natur gelernt oder aus eigenem Interesse mir beigebracht habe. Aber dieser Augenblick ist auch verbunden mit der Zukunft; was aus ihm weiter wird, hängt nicht nur von der äußeren Witterungsentwicklung ab, sondern auch davon, ob ich andere Naturzusammenhänge in meinem Erleben dazustellen kann, wie meine Erinnerung und mein Interesse das momentane Erleben weiter ausgestalten und auswerten. Gelingt es, neben dem «momentanen» Subjekt-Objekt-Zusammenhang von Gegebenem und Erleben auch den Zusammenhang von Vergangenheit, Gegenwart und Zukunft in das Bewusstsein aufzunehmen, so berührt man das Doppelbewusstsein des Engels zwischen Objekt und Subjekt. Denn das Selbstbewusstsein des Engels liegt in der Weiterentwicklung derjenigen Situation, die sich mir im Wahrnehmen und Erleben naturhaft dargestellt hat.

Die Elemente Erde, Wasser, Luft und Wärme besitzen eine objektive Seite und eine Erlebnisseite in der menschlichen Seele. Das Erleben der Festigkeit und das Hindeuten auf ein äußeres Gestein, das Erfühlen von Gestaltwandel, Entwicklung und die Wahrnehmung des äußeren Wassers, die Erfahrung der Belebung durch Luft in der Atmung und ihre Rückwirkung auf das Selbstgefühl und die Wahrnehmung des äußeren Lufthauchs, das Erspüren von innerer Wärme und die Empfindung der äußeren Temperatur sind nur künstlich voneinander zu trennen. Diese Einsicht kann zu einem Verständnis dessen führen, was im Anschluss an Darstellungen Rudolf Steiners in dem Begriff «Äthergeographie» zusammengefasst wird.[18] Im Folgenden sollen allerdings nicht die von Rudolf Steiner dargestellten Aspekte zur Äthergeographie, sondern andere Perspektiven ausgesprochen werden.

Eine Landschaft ist insofern umfassend wirklich, als ich mich als wahrnehmender und erlebender Mensch darin befinde. Dies gilt für den Erlebnisaugenblick; der Zusammenhang und die Formung der Elementarwelt zu dem Eindruck, der als Landschaft bezeichnet werden kann, vollzieht sich nicht in einer äußeren naturhaften Addition, sondern in dem Menschen, der diesen Zusammenhang erlebt. Die Dimension der Zeit kann in diesen Augenblick noch in einem schicksalsbezogenen Sinn eingehen. Zum Schicksal gehört auch, in welcher Gegend der Mensch geboren ist, welche Regionen er in seinem Leben berührt, welche Landschaftsbezüge ihn anziehen oder abstoßen. Der Engel als Schutzengel, der den individuell angemessenen Lebenszusammenhang bildet, kann auch empfunden werden, wenn die eigene Erlebnissituation gegenüber Landschaften ins Bewusstsein genommen wird. Denn im Bilden des individuellen Schicksals ist der Engel subjektiv und objektiv zugleich. Er findet sich in der menschlichen Individualität als Kontinuität des leibgestützten Selbsterlebens und der seelischen Lebenseinbettung, er findet sich aber auch in der die Seeleninnerlichkeit stets begleitenden und mitbestimmenden äußeren Naturgestaltung. Die Bedeutung einer Landschaftsumgebung für die eigene seelische und leibliche Entwicklung lässt sich oft erst nach Jahren oder Jahrzehnten feststellen. Sie ist aber stets gegeben, und sei es in der abgrenzenden Antipathie und damit der seelischen Emanzipation aus einer Umgebung.

Die biographische Bedeutung der Gegend stellt sich

allerdings nicht für die Sinneswahrnehmung, auch nicht für ein unmittelbares seelisches Erleben dar. Vielmehr kann diese Ebene der Engelwirkung erreicht werden, indem ein Zusammenklang zwischen einem weiten Zeitraum seelischer Stimmung und Entwicklung einerseits und dem eine Landschaftswahrnehmung begleitenden Erlebnisgefühl andererseits hergestellt wird. In beiden Fällen handelt es sich nicht um den unmittelbaren Eindruck einer seelischen oder äußeren Situation, sondern um eher leise Stimmungslagen, die sich vielleicht erst in der nachträglichen Besinnung zeigen. Ein Merkmal für diese Qualität der Engelbegegnung kann darin liegen, dass die Eigentümlichkeit solcher Stimmungslagen zwischen innerer und äußerer, subjektiver und objektiver Bezogenheit deutlich werden. Diese Stimmungen sind stark individuell und von tiefer innerer Bedeutung, sie drängen sich aber nicht mit Intensität auf. Sie halten eher eine «vornehme Distanz», ohne deshalb weniger wichtig zu sein. Sie stellen sich als zum Ich gehörige innere Erlebnisqualität ebenso dar wie als Aussage über die Beschaffenheit der entsprechenden äußeren Landschaft.

Kennzeichnend für einen solchen Schicksalszusammenhang kann auch sein, dass sich die eigene Beziehung zu den entsprechenden Landschaften indirekt über Menschenbegegnungen herstellt. Beispielsweise kann die Aufmerksamkeit auf eine Gegend, in der man selbst lange Zeit gelebt hat, durch das Interesse eines anderen Menschen angeregt werden, der dort niemals gewohnt hat und sich von ferne für diese Landschaft und ihre kulturellen Gegebenheiten interessiert. Außerdem ist es möglich, dass sich die eigene Beziehung zu einer Landschaft erst in einem zweiten Schritt zeigt. Es könnte etwa ein bewusstes Interesse zunächst nicht an natürlichen, sondern beispielsweise architektonischen Gegebenheiten dieser Gegend entstehen (an Bauwerken, Baustilen oder auch technischen Entwicklungen wie Straßen- oder Eisenbahnbau). Nachdem über längere Zeit das Interesse diesen Bereichen galt, kann sich durch die baulichen Bezüge des geographischen Kontextes auch eine Empfindung für seine Naturseite einstellen. Oder es ist denkbar, dass die Lebensbedeutung einer Landschaft sich erst zeigen kann, wenn man diese Gegend nicht mehr bewohnt, sondern sie nach längerer Zeit aus einem scheinbar äußeren Anlass wiederholt besucht. – Offenbar gehört zu dem Bewusstwerden der erwähnten feinen inneren und zugleich doch objektiven Empfindungsqualität, dass eine gewisse Lebens- und Erlebensdistanzierung zu der umgebenden Natur eingetreten ist.

Für den *Engel* gilt, dass seine Wirkungskraft bis in die Subjekt-Objekt-Empfindungsqualität und die entsprechenden seelischen und Wahrnehmungsprozesse hineinreicht; außerdem stellt er den Zusammenhang von Lebensentwicklung, seelischer Erlebnisdimension und wahrgenommener Naturumgebung her. Der *Erzengel* dagegen wendet seine stärkere Kraft bis in die Lebenswirkungen dieses Zusammenhangs in Gesundheit und Krankheit des Menschen, aber auch in das Herstellen des Kräftezusammenhangs im Elementarbereich, wie er sich für Wahrnehmung und Erleben des Menschen in dem betreffenden Naturabschnitt darstellt. Die gesunde Wirkungsweise von Engel und Erzengel wird gefährdet, wenn die Schicksalsbedeutung der Landschaft und der Erlebnisaspekt der Natur nicht beachtet werden. Es besteht dann die Gefahr einer Veräußerlichung und Vergegenständlichung der Natur; sie erscheint vom Menschen getrennt. Die Elementarwelt wird gewissermaßen auseinandergerissen: in ein äußeres, anscheinend in der Sinneswahrnehmung bemerkbares Elementargeschehen in der Natur und in die innere seelische

Kraftwirksamkeit der Elemente. Die seelische Elementenwirkung hat dann die Tendenz, sich immer stärker mit der Seele des Menschen zu identifizieren, d.h. es stellt sich als persönliches Innenleben dar, was eigentlich aus der Kraft der Elemente verursacht wurde. Beispielsweise ist denkbar, dass eine gewisse Wirksamkeit der natürlichen Wärme als ein Wärme- und Nähebedürfnis anderen Menschen gegenüber sich darstellt. Auch wäre es etwa möglich, dass die verbindende, zusammenhangbildende Kraft des Wassers seelisch als das Bedürfnis erscheint, anstelle einer eigenen Individualisierung das Untertauchen in einen Gruppenzusammenhang anzustreben: das Wasser als elementare Naturkraft bildet immer eine zusammenhängende Oberfläche, wenn es irgendwo fließt oder ausgegossen wird; es ist dabei gezwungen, sich der äußeren, vorgegebenen Form anzupassen; aber es ist auch in der Lage, Wachstums-, Lebens- und Entwicklungszusammenhänge herzustellen. Tritt ein solches Vermögen unerkannt als Innenerlebnis auf, so besteht die Gefahr, es mit der eigenen seelischen Erlebnissituation in eins zu setzen.

Das in Frage stehende Problem betrifft wieder die Innen-Außen-Verhältnisse zwischen Mensch und Umgebung. Zieht sich der Mensch in seinem Erleben aus der Natur zurück, so dass er seinen Erlebnisanteil an ihr nicht mehr erkennt und die Außenwelt vergegenständlicht, so stellt sich eine innere Beziehung von selbst wieder her, aber in gefährlicher Weise. In dem Maße, in dem sich der Mensch in seinem Denken und Erleben aus der Umgebung zurückzieht, wandern die Elemente gleichsam in sein seelisches Erleben ein und stellen so die Beziehung wieder her. Allerdings ist diese neue Verbindung zunächst nicht bewusstseinsfähig, sondern sie erscheint als ein Erleben der Individualität im eigenen seelischen Innenraum. Die Gefahr besteht nun darin, dass ein solches Erleben die Trennung zwischen Natur und Mensch noch vertieft. Denn das verstärkte Innenerleben führt zu einer weiteren Isolation gegenüber einer Umgebung, die immer stärker als objektive Außenwelt und als unabhängig vom inneren Erleben empfunden wird. Indem die menschliche Empfindung, aber auch das Interesse und die Tätigkeit sich nicht in die Natur hineinerstrecken, greifen die Elemente gewissermaßen nach dem Inneren des Menschen; je mehr dieser sich nach innen zurückzieht, desto stärker wirken äußere Kräfte unerkannt in ihm. Die Aufgabe einer zeitgemäßen Psychologie, Psychotherapie und Psychiatrie besteht auch darin, diese Zusammenhänge genauer zu durchschauen, menschenkundlich zu beschreiben und therapeutisch wirksam zu machen.

Der Erkenntnisweg als Einweihung bestand in den alten Mysterien, aber auch in späteren Zeiten stets darin, den Menschen mit einer solchen Elementarwirksamkeit bekannt zu machen und ihn anzuleiten, in seinem seelischen Innenempfinden elementare Kraft von eigener Seelenkraft deutlich zu unterscheiden. Auf der anderen Seite wurde der Einzuweihende auf die Wirksamkeit der Elemente in der Natur hingewiesen, sein Naturinteresse also verstärkt – aber nicht im Sinne einer Intensivierung des Naturerlebnisses (beispielsweise des Sichfühlens und Aufgehens in der Wärme). Sondern er wurde hingeführt auf ein Gebiet der fühlenden Naturerkenntnis, auf dem es möglich wurde, aus einer Erkenntnishaltung heraus die oben beschriebene begleitende Gefühlsstimmung zu entwickeln. Diese wiederum konnte in der angedeuteten Weise eine Art empfindendes Erkenntnismittel für die eigene Schicksalssituation werden. Das psychologische und therapeutische, aber auch ökologische Problem der Gegenwart besteht, so generell und bekannt die Aussage auch erscheinen mag, in dem Herausfallen des Menschen aus dem natürlichen Zusammenhang und damit in der Verselbständigung der Natur und der abschließenden Innenorientierung der menschlichen Seele gleichermaßen. Zu fragen wäre allerdings, ob eine Lösung des Problems darin bestehen kann, dass der Mensch sich selbst immer weitergehend als Naturwesen begreift und damit die Natur immer stärker in sich hineinnimmt, also auch gleichsam in sich selbst ihrem eigenen Schicksal überlässt.

Es wäre vielmehr ein Erwachen für ein Gegenüberverhältnis zwischen Natur und Mensch anzustreben, für eine Beziehung, die eine alte Grundregel aristotelischer Psychologie berücksichtigt: «Die bis zu diesem Punkt entwickelte Natur hielt nun inne, als hätte sie nichts anderes und ehrenvolleres, für das sie sich zur Grundlage machen könnte. Wir sind deshalb tätiger Geist.»[19] Diese Aussage stammt von einem neuplatonischen Philosophen des 5. nachchristlichen Jahrhunderts, Themistios. Er formuliert diese Sätze in seiner Auslegung der Schrift des Aristoteles «Über die Seele»; es soll darin zum Ausdruck kommen, dass sich die Natur innerhalb und außerhalb des Menschen zur Grundlage von dessen eigenständiger Ich-Entwicklung gemacht hat. Der Mensch hat die Aufgabe, diese Grundlage seiner eigenen Existenz innerhalb und außerhalb seiner Selbst zu erkennen, aus ihr heraus zu leben, sich aber nicht mit ihr zu identifizieren. Denn die Weiterentwicklung hängt davon ab, dass sich das freie, in seiner Zukunftsorientierung nun nicht mehr natur*abhängige,* aber natur*gestützte* Ich-Bewusstsein in neuer Weise der Natur zuwendet. Man könnte aus heutiger Perspektive hinzufügen, dass damit auch eine Verantwortung des menschlichen Ich für die Natur beginnt. Wie diese die Aufgabe hatte, zur Grundlage der Ich-Entwicklung zu werden, so geht aus der Ich-Entwicklung eine Grundlagenfunktion für die zukünftige Natur hervor. Dieser kann das Ich nicht gerecht werden, wenn es die Natur nur wissenschaftlich verobjektiviert und die eigene Subjektseite als reines Innenerleben zurücknimmt.

Hier deutet sich an, dass das menschliche Ich nach und nach die Stellung des Engels in der Natur einnimmt. Wie dieser Selbsterkenntnis und Selbsterleben einerseits mit dem synchronen Naturerleben und Naturbewusstsein verbindet und auf diese Weise den eigentlichen Naturzusammenhang für die menschliche Wahrnehmung erst herstellt, so obliegt es für die Zukunft immer mehr dem Menschen, sich selbst als gestaltend in der Naturwahrnehmung innerhalb und außerhalb seiner selbst zu erkennen. Damit entsteht ein Zusammenhang und ein «Sinn» des Naturgeschehens, der bis vor kurzem noch durch den Engel gegeben war und der bewirkt hat, dass die Natur noch als in sich sinnvoll, lebendig und intakt, den Menschen und andere Lebewesen tragend empfunden werden konnte. Wenn der Mensch aber die neue Aufgabe übernimmt, wird der Engel freigesetzt für eine Entwicklungsaufgabe, die ihm und dem Menschen gleichermaßen zukommt: in der menschlichen Freiheitsentwicklung zu wirken und von dort aus heilend die natürliche und soziale Entwicklung zu beeinflussen. Der Engel kann diesen Beitrag leisten, indem er die freie Wahrheitsbeziehung und die Erkenntnisbemühung des Menschen so stützt, dass diese immer mehr Realität im Weltgeschehen erlangen kann.

Andernfalls besteht die Gefahr, dass der Engel mit seiner geistigen Kraft auch im Naturzusammenhang in eine problematische Wirksamkeit verstrickt wird. Eine gegenüber dem Menschen verselbstständigte Natur wirkt innerhalb und außerhalb des Menschen pathogen. Eine Natur, in der der Mensch sich nicht mehr als die Außenwelt erlebend und durch die Art seiner Wahrnehmung gestaltend empfindet, bildet einen Kraftzusammenhang außerhalb des Menschen, der diesem als fremde Gegenkraft begegnen kann. Wird eine Landschaft immer weniger durch ein objektiv empfindendes Interesse und damit in die Schicksalszusammenhänge der Menschen verwoben erlebt, sondern beispielsweise im Hinblick auf Verkehrsverbindungen kartographiert, geographisch verobjektiviert, aber auch im Sinne einer «menschenfreien» Ökologie sich selbst überlassen, so entstehen Kraftwirksamkeiten, die nach innen zu einer Entseelung der Natur, nach außen als krankmachende Faktoren wirken können. Ältere Zeiten hatten von äthergeographischer Kraft noch ein deutlicheres Bewusstsein; die Ausstrahlungskräfte der Erde waren in vielen Mysterienstätten bekannt; Heiligtümer, Kirchen und andere Bauwerke wurden nach äthergeographischen Gesichtspunkten errichtet. Beispielsweise kann an den kulturgeschichtlich alten Steinsetzungen («Hünengräbern») beobachtet werden, wie sie einerseits an bestimmten, gegenüber Himmel, Gewässern und Erde zusammenhangbildenden Punkten errichtet wurden, andererseits auf die Elementar- und Landschaftszusammenhänge ihrerseits gestaltend und strukturierend zurückwirkten. Bei solchen Steinsetzungen wurde vom Menschen der wirksamen Kraft der Hierarchien ein irdischer Angliederungspunkt gegeben, allerdings durch eine Wahrnehmung für die Richtigkeit des entsprechenden Ortes, die ihrerseits inspiriert war.

Gelingt es nicht, in der beschriebenen zukünftigen Weise einen menschlichen Zugang zur Natur zu gewinnen, so kann die Herauslösung aus dem äthergeographischen Schicksalszusammenhang zur Ursache körperlicher Erkrankungen werden. Die Natur, die dem Menschen als Außenwelt gilt, verlagert ihre Kraftwirkungen in den Menschen hinein, d.h. in einen Organismus, der eigentlich der Ich-Bestimmung, nicht reiner Naturwirksamkeit unterliegt. Dieses Hereinwirken einer äußeren Natur kann wiederum Anlass werden für die Einstellung, beim menschlichen Organzusammenhang handele es sich um ein von den Körpergrenzen umschlossenes reines Naturgeschehen. In dieser wechselseitig sich verstärkenden Wirkung, die kulturgeschichtlich, wissenschaftsgeschichtlich, aber auch individualbiographisch zu verfolgen ist, geschieht nun eine Art Realisierung der vorher nur «gedachten» menschenkundlichen und naturkundlichen Theorie: Die natürlichen Gesetzmäßigkeiten verlagern sich über die Elementarkraft in den Menschen hinein und können dort zu denjenigen Krankheiten führen, die als Verselbstständigungen im Organprozess bekannt sind (z.B. Tumorerkrankungen).

Es können aber auch psychogene Wirkungen auftreten; sie resultieren daraus, dass sich der Mensch gegenüber der Natur und auch seiner sozialen Umwelt isoliert fühlt. Wenn er nicht mehr im Stande ist, die eigene erkennende Empfindungsqualität an der Natur zu üben und auch gespiegelt zu bekommen, so wird er sich zunehmend in der Welt eingekapselt fühlen. Die Seele, die die alte Natureinbindung verliert und keine neue aufbaut, sieht sich leicht auch dem anderen Menschen gegenüber isoliert. Schließlich kommt das Gefühl auf, sie sei nach innen hin, zur eigenen Leiblichkeit, in einem ihr fremden Verhältnis – denn auch der Leib funktioniert dann nicht nach Gesetzen, die dem seelischen Erleben zugänglich wären, sondern nur «natürlicherweise». Symptome der Depression, der sozialen Isolation, der Überforderung können auftreten und sind Ausdruck für das Existenzgefühl eines allgemeinen Verlassenseins. Zugleich bringen die Symptome auf ihre Art auch zur Erscheinung, dass sich die Seele auf einen engen Innenraum in einem fremden Haus reduziert und sich daher nicht mehr nach außen und innen als tätig wahrnehmen kann.

Zwei Begriffe können aus dem hier eingenommenen Blickwinkel eine neue Bedeutung erhalten: derjenige der «Kulturlandschaft» und auch derjenige der «Heimat». In einem neuen Sinne würde man unter Kulturlandschaft eine Gegend verstehen, in der die Einheit von sinnlicher und geistiger Anschauung erlebbar wird, wie sie für das Engelbewusstsein gegeben war und wie sie sich für den Menschen als eine zukünftige Erlebnisform abzuzeichnen beginnt. Die Kulturlandschaft beispielsweise des Waldes, von Seengebieten und Feldern würde dann zum Ausdruck bringen, dass hier der Mensch hervorbringend tätig war, als er diese Gebiete angelegt hat. Und genau diese Tätigkeit würde im gegenwärtigen Wahrnehmen indirekt spürbar werden; aber in einem Bereich, der «objektive» Natur ist, nicht Kunstobjekt. Damit würde erlebbar, dass der Mensch als Subjekt in der äußeren Natur als tätiges und empfindendes Wesen anwesend ist. Es würde sich eine Nähe von Mensch und Natur zeigen, die nicht darauf beruht, dass der Mensch auf eine Naturexistenz reduziert wird. Ähnliches gilt für den Begriff der «Heimat». Heimat wäre dann nicht mehr unbedingt diejenige Gegend, in der ein Mensch geboren wurde, sondern die Landschaft, in der der geschilderte Schicksalszusammenhang mit ihr spürbar wird. Selbstverständlich kann es sich dabei um verschiedene, auch geographisch wechselnde Gegenden handeln. Im Sinne der äthergeographischen Bedeutung würde sich hier eine neue Einbindung des Menschen in das Naturgeschehen und die Elementarwelt zeigen, anders als bei der entwicklungsgeschichtlich früheren Schutzengelwirkung. Denn an der neuen Schicksalsbeziehung zur Landschaft ist der Mensch gestaltend beteiligt, und auch in diesem Sinne nimmt er allmählich die Stellung des früheren Schutzengels ein. An die Stelle einer Schicksalsgegebenheit tritt im Hinblick auf die Außenwelt Schicksalsgestaltung, sicherlich auch ein Aspekt derjenigen biographischen Tätigkeit, die Rudolf Steiner 1924 mehrfach als «Karmaordnen» bezeichnet hat.

«Ein Denken, das dem Organismus nicht unterworfen ist, lebt für das gewöhnliche Bewusstsein nur, während der Mensch im sinnlichen Wahrnehmen begriffen ist. Dieses sinnliche Wahrnehmen selbst ist vom Organismus abhängig. Das in ihm enthaltene und in ihm mitwirkende Denken ist aber ein rein übersinnliches Element, an dem der Organismus keinen Anteil hat. In diesem Denken hebt sich die Menschenseele aus dem Organismus heraus. Wer dieses Denken im Wahrnehmen sich zum abgesonderten Bewusstsein zu bringen vermag, der weiß durch unmittelbares Erleben, dass er als Seele sich unabhängig von seinem Leibe ergreift.»[20] Unbewusst lebt in jeder Wahrnehmung ein Denken, das nicht physisch eingebunden ist und das den Wahrnehmungsvorgang erst ermöglicht. Das Sinnesgeschehen allein könnte keinen dem Menschen entsprechenden Eindruck von der Welt vermitteln; hier zeigt sich der Unterschied zur Weltwahrnehmung des Tieres. Wenn es dem Menschen gelingt, ein Bewusstsein für den denkenden Anteil an seinem Wahrnehmungsverhältnis zur Welt hervorzubringen, so berührt er die geistige Ebene, mit der er als Subjekt im Objektbereich der Welt, wie er sie wahrnimmt, beteiligt ist. Damit betritt er zugleich als autonomes geistiges Subjekt einen früher vom Engel belebten Bereich. Und er befindet sich an der Grenze zwischen innerseelischer und äußerer (natürlicher) Elementarwirksamkeit. Mit anderen Worten: Er betritt damit einen geistigen Bereich, der nicht nur Abbild von physischer oder geistiger Wirklichkeit ist, sondern in dem der Geist als Kraft *wirkt*. Ein solcher Kraftschluss im Geistigen ist in vergangenen Epochen der Menschheitsentwicklung als Berührung mit dem Engel erlebt worden.

Bisher hat sich ergeben, dass der Engel nicht mehr «erscheint». Vielmehr zeigt er sich in einem innerseelischen Geschehen, ist zunächst vom Seelenprozess des Menschen nicht klar zu unterscheiden. Er kann sichtbar werden, wo der Sinnesprozess durchdrungen wird, wo deutlich wird, dass der Mensch nicht nur als weltabbildendes Wesen in seiner Umgebung lebt. Damit ist der Engel gleichsam eine Stufe tiefer gewandert, denn in älteren Zeiten der Menschheitsentwicklung begegnete er dem Menschen nicht im Sinnesprozess, sondern in der Denkbewegung. Für das Denken konnte sich der Mensch inzwischen emanzipieren, also diejenige Stelle einnehmen, die früher der Engel innehatte. Hier kann sich schon andeuten, dass ein ähnlicher Vorgang für die Sinneswahrnehmung zu erwarten ist. Für die Ebene der *Kraftwirkungen* bedeutet dies, dass die Elementarwelt in ihrer doppelseitigen Bedeutung als innerseelische Erlebniskraft und als Kraft in der Natur allmählich sichtbar wird. Die menschliche Seele kommt dem Engel nahe, wo sich ihr zeigt, dass in ihr wie außer ihr Elementarkraft wirksam ist, die sich im Seeleninnern als eine Gefühlslage, im Äußeren in ihrer Verdichtung hin zur Natur zeigt. Damit bildet sich im Menschen in der Sphäre der Seele ab, was für den Engel geistig gilt: Selbsterleben und Welterleben rücken eng zusammen, die Grenze zwischen innen und außen beginnt sich zu verschieben und durchlässiger zu werden.

Vielfältige Lebensprobleme zeigen, dass der Begriff der Seele neu zu fassen ist, dass alte Lebensausrichtungen, zwischenmenschliche Umgangsweisen und therapeutische Verfahren nicht mehr greifen. Die Seele existiert zwischen Leib und Geist. Ihr Leibbezug ist bedroht, wenn das menschliche Seelenleben nur als eine Art Wirkung oder

Funktion des Organismus begriffen wird oder das seelische Erleben so aufgefasst wird, als würde es ein äußeres Geschehen nur abbilden, «Informationen» aufnehmen und «verarbeiten» (mit mehr oder weniger intensiven emotionalen Reaktionen auf diese Reize). Der seelische Geistbezug ist gefährdet, wenn religiöse oder geistige Inhalte nur noch als subjektiv beliebig empfunden werden und die geistige Welt schlechthin, einschließlich der Engelsphäre, als historische Überlieferung gilt. Vor einem ähnlichen Problem steht auch die Anthroposophie; denn der Verweis auf eine historische Geistwirksamkeit in älteren Geschichtsepochen oder zu Lebzeiten Rudolf Steiners kann auf Dauer unmittelbare Geistpräsenz nicht ersetzen. Im Hinblick auf die christliche Entwicklung hat Lessing bereits im 18. Jahrhundert auf dieses Problem hingewiesen. In seiner Schrift «Über den Beweis des Geistes und der Kraft» bringt er zum Ausdruck, dass «Wunder, seitdem ihre Wahrheit völlig aufgehoret hat, … seitdem sie nichts als Nachrichten von Wundern sind,»[21] nicht zur wirklichen Überzeugung von geistiger Wirklichkeit führen können. Seelische Befriedigung und Gesundheit wird zunehmend davon abhängen, ob es gelingt, einen gegenwärtig erlebbaren und tragfähigen Geistbezug der Seele herzustellen.

Allerdings besteht andererseits die Gefahr, in ein illusionäres Geisterleben zu verfallen. Illusionär könnte ein fundamentalistisches Festhalten an den überlieferten Nachrichten sein, verbunden mit der Behauptung, dass die Kraft aus der Vergangenheit noch ebenso gut in die Gegenwart wirke. Illusionär aber kann auch eine Erlebnisorientierung werden, die bestimmte Gefühle, beispielsweise im Hinblick auf den Reinkarnationsgedanken oder Empfindungen von Engelbegegnungen für Realitäten hält, ohne Kriterien für eine Urteilsbildung über geistige Wahrheit zu entwickeln. Dieser Gefahr sehen sich geistige Bezugnahmen der Seele in den letzten Jahrzehnten zunehmend ausgesetzt, gerade wenn die Tragfähigkeit der älteren Überlieferung nicht mehr gewährleistet ist.

Zu der neueren Existenzsituation der menschlichen Seele gehört auch, dass die Frage des Verhältnisses zu einer geistigen Wahrheit immer mehr zu einem seelischen Überlebensmittel wird. Gesundheit und Krankheit, auch Wohlbefinden der Seele hängen zunehmend davon ab, ob eine trägfähige Wahrheitsbeziehung und damit auch eine zeitgemäße Anschauung des Engels ausgebildet werden kann. Demgegenüber nehmen die seelischen Bestimmungsgrößen des ausgehenden 19. und des 20. Jahrhunderts ab; psychologische und biographische Entwicklungsbedingungen verlieren zwar nicht ihre Bedeutung, müssen aber zunehmend im inneren Erleben durch das qualifiziert werden, was als Geist- und Schicksalsausrichtung der Seele spirituell erarbeitet werden kann. Rudolf Steiner hat im Jahr 1917 einen solchen sicheren, zukunftsfähigen und seelentragenden Geistbezug charakterisiert, indem er von dem «Erkenntnisvorgang als Entwicklungserlebnis des Menschenwesens» sprach.[22] Ein solches Entwicklungserlebnis im Denken wird sich einerseits nicht auf philosophische Theorien zum Geist oder dessen historische Überlieferung stützen, andererseits aber auch nicht in eine «mystische» Erlebnisart verfallen, die letztlich nur von den Befindlichkeiten der Seele und des Leibes bestimmt ist, nicht aber von geistiger Wirklichkeit.

Aber auch die Selbstbesinnung kann heute seelisch an eine Grenze zum Geist führen, allerdings nicht ohne schmerzhafte Schritte der Selbsterkenntnis. Die Schwelle der geistigen Welt kündigt sich auch dadurch an, dass sie als eine Grenze der eigenen seelischen Existenz, als Aussichtslosigkeit, Krankheitsgefühl, Sinnverlust erlebt wird. Entscheidend (und auch verwirrend) ist nun, dass die

Schwellenberührung als eigene seelische oder biographische Problematik erlebt wird – was sie in aller Regel auch ist. Es zeigen sich in einem manchmal tiefen seelischen Schmerz-erleben Schwierigkeiten, die sich aus dem individuellen Lebensgang und der gegenwärtigen Lebenssituation ergeben. Dennoch können sie nur umfassend verstanden und gelöst werden, wenn sie auch als Symptome für eine individuell und zeitgeschichtlich notwendige Geistberührung aufgefasst werden. Manche Erfahrung zeigt, dass allein eine biographische oder therapeutische Betrachtung das Lebensproblem nicht lösen kann.

Die Grenze der eigenen Existenz zu bemerken bedeutet auch, die Schwelle zu einer geistigen Wirklichkeit und damit zum lebensbegleitenden Engel zu berühren. Allerdings ist die Voraussetzung zu einer solchen Geistberührung nicht allein das bedrückende Schicksalserleben oder die seelische Not als Empfindung; sondern es muss der Wille hinzukommen, die eigene innere und äußere Lebensverfassung in das volle Bewusstsein aufzunehmen, selbst dann, wenn ein Verstehen nicht möglich erscheint. Zur Engelbegegnung gehört, die eigenen Bewusstseinsfähigkeiten bis an die Grenze erprobt zu haben, gerade in Bereichen der Seelenstimmung. Dabei kommt es weniger darauf an, welche Erkenntnisergebnisse erreicht werden; die Intensität der Bemühung um Klarheit wirkt als diejenige Kraft, die zu der Schwellenberührung und damit zu der Empfindung einer übersinnlichen Begegnung führt.

Diese Bemühung um Klarheit wird zunächst im eigenen Erleben eine gewisse *Aussichtslosigkeit* bewirken. Diese ergibt sich aus dem Eindruck, das Verständnis, der Vorstellungsumfang reiche nicht hin, um die eigene Lebenssitua-tion wirklich zu begreifen. Ein solches Gefühl der Aussichtslosigkeit kann sich bis zur Verzweiflung steigern; allerdings bezieht sich die Verzweiflung nicht auf die eigene Lebensproblematik, sondern auf die erkannte Unfähigkeit, sie wirklich zu verstehen und damit zu verändern. Es ist auch möglich, dass die hier gemeinte Aussichtslosigkeit nicht unmittelbar erlebt wird, sondern eine gewisse Überlagerung erfahren hat: durch eine stille resignative Haltung. Wie selbstverständlich geht man dann davon aus, dass eine Klärung der eigenen Lebensverhältnisse nicht möglich ist. Vielleicht hat sich die Resignation auch so stark eingeprägt, dass eine Perspektive über sie hinaus gar nicht mehr erwartet wird. Ein erstes seelisches Erwachen würde nun darin bestehen, im Hinblick auf die eigene Erkenntnismöglichkeit zu bemerken, dass sie eine Grenze der Selbst- und Welterkenntnis erreicht – und an dieser Grenze zu verzweifeln. Gerade in der Aussichtslosigkeit ist der Engel nahe.

Ein zweites Erlebnis könnte darin bestehen, dass eine Art Erschrecken vor der eigenen Gefühlswirklichkeit eintritt. Die Stimmungen, Emotionen, Empfindungen anderen Menschen und auch sich selbst gegenüber erscheinen dann als verwirrend, sehr veränderlich und wenig verständlich. Auch intensive Gefühle, «tiefe» Neigungen, aber auch Abneigungen wechseln schnell, Konstanz und Kontinuität in den Empfindungen ist kaum auszumachen. Sowohl im Bereich von Sympathie, aber auch in den Regionen der Antipathie kann man den Eindruck gewinnen, als gäbe es keine verlässliche Führung des inneren Erlebens mehr. Gerade lebenstragende Gefühle in engen zwischenmenschlichen Beziehungen können sich in mancher Hinsicht als problematisch darstellen und damit bekunden, dass das Gefühl einer verstärkten Ich-Aufmerksamkeit bedarf.

Merkwürdigerweise stellt sich bei einem realitätsbezogenen Blick auf die eigene Gefühlslage leicht eine gewisse *Sprachlosigkeit* ein. Dieser Begriff ist im übertragenen, aber auch im unmittelbaren Sinne aufzufassen. Sprachlos kann man angesichts der eigenen Seelenlage im Gefühl werden, wenn man den ganzen Umfang der Möglichkeiten, Veränderlichkeiten und Gefährdungen spürt. Aber es zeigt sich auch eine wirkliche Sprachlosigkeit, also Unfähigkeit zur Artikulation dessen, was das Gefühl eigentlich ist, wie es zu verstehen und wie mit ihm umzugehen wäre. Diese Sprachlosigkeit wird oft gerade in dem psychologisch und therapeutisch verstärkten Bemühen spürbar, Gefühle zu artikulieren. Denn es kann dann, wenn über Gefühle direkt gesprochen wird, doch leicht der Eindruck entstehen, dass in der Verbalisierung eine Vergegenständlichung, fast eine Definierung innerer Prozesse stattfindet, die diesen selbst nicht gerecht wird und sogar in der Gefahr steht, sie zu unterbinden. Wie kann eine Sprache gefunden werden, die der inneren Gefühlsrealität entspricht und sie entwickeln hilft, statt sie zu verobjektivieren?

Wird eine solche fragende Erkenntnisbemühung intensiviert, so kann eine Grenze erreicht werden, die zu einer weiter reichenden Wesensbegegnung führt. Das Gefühl umfasst im Unterschied zu dem Erkenntnis- und Vorstellungsvermögen weite Bereiche, die dem Bewusstsein nicht unmittelbar zugänglich sind. Nähert man sich dieser inneren Wirklichkeit, so betritt man einen Bereich, der in der älteren Überlieferung als das «Herz» bezeichnet wurde. Es führt in seiner spirituellen Berührungsqualität an diejenige Grenze, von der aus das Wirken des Erzengels spürbar werden kann; allerdings in der Vermittlung des eigenen Engels, da es sich um das individuelle und im Prinzip auch im Selbstbewusstsein spürbare Gefühlserleben handelt.

Als fühlender Mensch bin ich nicht nur mit dem Innenraum meiner Seele verbunden, als fühlender Mensch nehme ich auch in der Sinnesempfindung und dem begleitenden Erleben die Welt und andere Menschen wahr. Eine Art von Wahrheitsgefühl begleitet meine Beziehungen zur Umgebung, ein Körpergefühl vermittelt zwischen Ich-Bewusstsein und Leib. Wenn bewusst wird, wie wenig diese ganz grundlegenden Lebensbezüge, die im Gefühl wurzeln, beschreibbar sind, kann auch der Eindruck einer umfassenden persönlichen Sprachlosigkeit entstehen: Ich bin nicht in der Lage, meine eigenen fundamentalen Existenzbedingungen und Lebensempfindungen zum Ausdruck zu bringen – vielleicht nicht einmal mir selbst gegenüber. Aus einer solchen Impression umfassenden Sprachverlustes kann sich ein Gefühl dafür ergeben, was eine Begegnung mit dem Erzengel durch Vermittlung des persönlichen Engels bedeutet.

Schließlich führt eine bestimmte Begegnungsqualität mit dem eigenen Willen an eine dritte Grenze der empfindenden Begegnung mit Wesenswirklichkeit. Diese Schwelle ist dem Bewusstsein innerhalb eines empfindenden Erlebens noch schwerer zugänglich und bezeichnet einen geistigen Bereich, der, wieder durch Vermittlung des Engels, aber auch durch eine gewisse vermittelnde Wirkung der Herzregion des Erzengels, ansatzweise zugänglich werden kann. Die dritte Gliederung der dritten Hierarchie, diejenige der Archai-Wesen, wird in der menschlichen Willenswirklichkeit spürbar. Es sind allerdings, um hier ein gewisses ahnendes Bewusstsein herzustellen, einige Voraussetzungen nötig; sie betreffen die Intensität und Konsequenz des Verständnisversuches und die Bemühung, die eigene Existenzgrundlage im Lebensgefühl und damit im Wirkungsbereich des Erzengels vor das eigene Erleben zu stellen.

Die Schwellencharakteristik einer solchen dritten Begegnungsebene wird sich im seelischen Erleben als eine Art von *Schockempfindung* darstellen. Ein Schockerlebnis kann durch unerwartete Eindrücke und Einsichten ausgelöst werden; dieses Phänomen ist in neuerer Zeit durch die so genannten Panikerkrankungen in ein gewisses öffentliches

Bewusstsein getreten. Ein Schock wird hervorgerufen, wenn Ereignisse eintreten, die das eigene Erlebnis- und Fassungsvermögen überschreiten und die situativ in dieser Form nicht zu erwarten waren. Ein Schock hat Überraschungs- und auch Eröffnungscharakter, es erscheint in ihm fast eine negative Offenbarung. Neben dem Schock bei Unfällen, Schicksalsschlägen und nicht fassbaren Ereignissen gibt es auch einen Schock der Berührung mit geistiger Wirklichkeit. Er klingt beispielsweise an, wenn der Engel zur Begrüßung sagt: «Fürchte dich nicht». Ein solcher Schock kann etwas darüber aussagen, wie tief im Unbewussten, genauer gesagt in der menschlichen Willenswirklichkeit verborgen die fundamentalen Geistbeziehungen des Menschen liegen. Solche Beziehungen zum Geist sind karmischer Art, so dass man sagen kann, dass die Konfrontation mit der geistig ursächlich wirkenden Ebene des eigenen Schicksals einen gewissen geistigen Schockcharakter besitzt.

Übend kann man sich diesem Bereich nähern, wenn es nach und nach gelingt, gerade die vermeintlich nichtgeistigen Elemente der eigenen Existenz auf das eigene Verhältnis zum Geist zu beziehen. Die bewusste Bezugnahme auf den Geist verbleibt in Bereichen, die nur einen kleinen Teil eigener Existenzwirklichkeit abdecken. Beispielsweise bleibt die Leibesexistenz ausgegliedert, die Beziehung zu den «handfesten» Tätigkeiten und Aufgaben des Alltags; auch die Notwendigkeiten, die sich aus unerwarteten Lebensaufgaben, Anforderungen in Krankheit und durch Naturereignisse o.Ä. ergeben, sind in ihrer eigentlichen geistigen Dimensionierung zumeist undurchsichtig. Nun kann es nicht darum gehen, den «Sinn» solcher Ereignisse und Zusammenhänge nachträglich zu beschreiben und damit eine Scheinspiritualisierung vorzunehmen; vielmehr handelt es sich um die in den Ereignissen, Handlungen,

Körperfunktionen unmittelbar wirksame *geistige Kraft*, die sich auf jeden Fall dem Alltagsbewusstsein und seiner deutenden Bemühung entzieht. Diese Kraft kann bewusstseinsfähig werden, wenn es gelingt, den Schock in den eigenen Erlebnis- und Bewusstseinsumfang aufzunehmen, ohne ihn zu nivellieren. Dann findet eine Grenzberührung statt, bei der ein Eindruck aufgenommen werden kann von der Wirkungsweise der oberen Ordnung der dritten Hierarchie, der Archai-Wesen.

Die geschilderten drei Grenzberührungen im Empfinden von Aussichtslosigkeit und Sprachlosigkeit sowie im Schockerleben weisen auf eine Beziehung der menschlichen *Seele* zum Reich der 3. Hierarchie. Letztlich wird man aber sagen müssen, dass Schwellenberührungen der gemeinten Art damit zusammenhängen, dass ein seelisches Erleben so weit intensiviert wird, dass seine *leibliche* Grundlage anfänglich bewusstseinsfähig wird. Das Gefühl der Aussichtslosigkeit, das sich bei der Intensivierung der eigenen Denk- und Verständnisbemühungen ergeben kann, führt das Denken und die Vorstellungsbildung an die Grenze ihrer leiblichen Grundlage im Nervenprozess. Die Beziehung des Engels, Erzengels und der Archai-Wesen zum Menschen stellt in dessen irdischer Existenz immer einen Spannungsbogen zwischen dem seelisch-geistigen Ich-Sein und der leiblichen Existenz her. In diesem Spannungsbogen könnte geradezu ein Merkmal für die Realität einer Geistbeziehung gesehen werden. Beispielsweise hört der Blick auf die eigene Gefühlslage dann auf spielerisch zu sein, wenn sich die Nähe des erlebten Gefühls zu der Atmung in der «Herzregion» zeigt. Das rhythmische System als leibliche Grundlage des Gefühlslebens bildet nicht nur dessen organischen Träger, sondern speist sich im Hinblick auf die hierarchische Wirklichkeit aus derselben verursachenden Kraft. Ähnliches gilt für die Beziehung zwischen den Willensintentionen des Menschen und deren organischer Grundlage im Stoffwechsel-Gliedmaßensystem. Der eigene wirkende Wille kann nicht länger mit im Bewusstsein auftretenden Einzelintentionen oder mit der bloßen Vorstellung von Zielen verwechselt werden, wenn die ernsthafte Bemühung vorliegt, denjenigen Willen, der biographisch schaffend wirkt, auch als diejenige Kraft zu identifizieren, die in den Bewegungen des Gliedmaßen-, aber auch Stoffwechselsystems als Ursache der Funktionen anzutreffen ist.

Nun kann man sich die Beziehung der drei Ordnungen der dritten Hierarchie zum Menschen innerhalb dieses geist-leiblichen Spannungsbogens in einer bestimmten Weise vor Augen führen. Allerdings ist bei den folgenden Ausführungen zu beachten, dass es in der Gegenwart nicht mehr um eine «Hierarchienlehre» gehen kann, nicht um Definitionen von Hierarchienwirksamkeit, sondern um andeutende Hinweise darauf, wie aus Selbsterkenntnis und bewusstseinsfähigem Selbsterleben des menschlichen Ich eine geistig aussagefähige Empfindung hervorgehen kann; deren sprachliche Formulierung macht dann einen Hinweis darauf möglich, wie die Wirksamkeit des Engels, Erzengels und von Archai Wesen zugänglich werden könnte. In diesem Sinne zeigt sich die Wirksamkeit von Wesen der dritten Hierarchie in einem seelischen Erleben, dem es gelingt, einerseits den eigenen Geistbezug, andererseits die eigene Leibbeziehung wie zwei Pole der Existenz zu verbinden. Die Verstärkung der Aufmerksamkeit im Denken bis zum Bewusstwerden einer gewissen Aussichtslosigkeit, im Fühlen bis zum Eindruck der Sprachlosigkeit, im Wollen bis zu dem Eindruck eines Schocks stellt eine geistige Sensibilität dafür her, wie das Denken in der irdischen Existenz auf der Nerventätigkeit beruht, aber sie letztlich auch verursacht hat; wie das Fühlen im Erdensein auf der Atmungstätigkeit und den Vorgängen im rhythmischen System beruht, aber sie letztlich auch hervorgebracht hat; wie Willensintentionen nicht unabhängig von Stoffwechselvorgängen und Bewegungen der Gliedmaßen möglich sind und diese doch auch bewirkt haben.

Die vielleicht entstehende Empfindlichkeit, die leise Wahrnehmung dieser Zusammenhänge führt nicht zu einer Erscheinung von Wesen der dritten Hierarchie; diese wäre aber in der Gegenwart auch nicht angemessen. Die geistig ernst zu nehmende Empfindung auf den drei Gebieten weist aber darauf hin, in welcher Weise der Mensch vorgeburtlich (in einer geistigen Existenzform) den leiblichen und den geistigen Pol verbunden hat. Denn vor und während der Embryonalentwicklung sind diejenigen Kräfte wirksam, die sich als Kraftwirkung von Engel, Erzengel und Archai-Wesen für das Bewusstsein darstellen, wenn es in der seelisch-irdischen Existenz den Spannungsbogen zwischen dem geistigen und dem leiblichen Pol herstellt. In gewisser Hinsicht sind die Wesen der dritten Hierarchie darauf angewiesen, dass das menschliche Ich den Spannungsbogen auch halten kann. Wenn der Körper nur noch naturalistisch verstanden wird, versinkt die Wirksamkeit der Geistwesen in ihm immer stärker ins Unbewusste und damit in blinde Kraftwirksamkeit. Wenn der Geist nur noch als menschlich subjektiv und als Funktion der Seelenwirklichkeit verstanden wird, dann verliert er geistige Objektivität, Wahrheitsanspruch und Wirkungskraft. Im ersten Fall wären die Wesen der dritten Hierarchie gezwungen, in einer unbewussten, naturähnlichen Substantialität des Leibes zu wirken, im zweiten Fall würden sie gleichsam immer mehr «unwirklich».

Wenn der Geist ohne Bezugnahme auf die Wirklichkeit des Leibes verstanden wird, droht er unwirklich, illusionär zu werden; wenn der Leib ohne Geistbezug aufgefasst wird, scheinen in ihm nur die blinden Kräfte der Natur zu wirken. Die menschliche Seele hat als Mittelglied zwischen beiden die wichtige Aufgabe, die Kraftwirksamkeit der Hierarchien im Leib bewusstseinsfähig und die Kraftwirksamkeit der Hierarchien im Geist realitätsfähig zu machen. Andernfalls besteht auch für den Menschen die Gefahr, dass beide Seiten sich trennen und damit in eine fast apokalyptische Zukunftsdimension eintreten: ein menschlicher Leib in reiner Naturkausalität, kaum noch die Lebens- und Erlebensgrundlage für die menschliche Seele. Die Verselbstständigung der Leibesentwicklung gegenüber Seele und Geist wäre eine Lebensablösung des Geistes von der Realität. Das menschliche Ich, in der Erdenexistenz zwischen Leib und Geist lebend, würde beide Seiten nicht mehr verbinden und selbst in eine reale, aber bewusstlose Leibseite und in eine bewusste, aber realitätslose Geistseite aufgespalten.

Die Beziehung zu Verstorbenen

Ein zehnjähriges Mädchen spricht über das Leben nach dem Tod. Es meint, die verstorbenen Menschen würden auf die Erde zurückkehren; auch die jetzt lebenden seien früher schon auf der Erde gewesen, das gelte auch für sie selbst. Man sei immer mit denjenigen Menschen zusammen, die einem wichtig seien. Daraus ergebe sich, dass die Zeitspanne zwischen zwei Erdenleben der geistigen Existenz etwa so lang dauere wie die Erdenleben selbst.

Der Gesichtspunkt des Kindes ist richtig: Die Verbindung zwischen den im Leben sich gegenseitig wichtigen Menschen bleibt bestehen. Individuelle Weiterentwicklung ist nicht ohne den Schicksalszusammenhang der in dieser Entwicklung verbundenen Menschen möglich; dabei muss dieser Kreis nicht auf die im Leben Näherstehenden oder persönlich Bekannten beschränkt werden. Es gibt auch im Leben entferntere Verhältnisse oder sogar nur indirekt (beispielsweise literarisch) vermittelte Beziehungen, von denen wichtige Entwicklungsimpulse für einen Menschen ausgehen können. – Die Aussagen des Mädchens hatten in der kindlichen Perspektive lediglich nicht berücksichtigt, dass die Beziehungen zwischen Menschen auch aufrechterhalten bleiben, wenn der eine im irdischen Bereich, der andere in der geistigen Welt existiert. Aus diesem Gesichtspunkt würde sich ergeben, dass das Verhältnis zwischen Lebenden und Verstorbenen nicht so gestaltet sein muss, dass immer dieselben Menschen sich zeitgleich auf der Erde oder im geistigen Existenzbereich befinden.

Die meisten Aspekte der lebenstragenden Beziehung zu Verstorbenen werden normalerweise nicht ins Bewusstsein aufgenommen. Die Schwierigkeit besteht darin, dass hier eine existenzielle Beziehungsform *nur rein geistig* verstanden werden kann. Es stellt sich also im Hinblick auf die Beziehung zu Verstorbenen die Frage, wie der Geist und ein geistiges Verständnis existentiell werden, und, von der anderen Seite her geblickt, wie seelische oder schicksalsbezogene Bedeutsamkeit und Erlebensintensität rein geistig vorgestellt werden können. Denn der Verstorbene befindet sich in einer geistigen Existenz, in der die früheren irdischen, also leiblich-seelischen Bestimmungsgrößen und Erlebnisinhalte nur in geistiger Metamorphose Bedeutung besitzen. Die Beziehungen zu den Verstorbenen können für den auf der Erde lebenden Menschen nur dann ins Bewusstsein treten, wenn dieser in der Lage ist, die Metamorphose ins Geistige für alle Existenz- und Erlebnisebenen zu vollziehen.

Die Beziehungen zu mir im Leben bedeutsamen Menschen sind sehr persönlich, zumindest sehr individuell.

Zum geschilderten Nachvollzug der geistigen Metamorphose allen Seins gehört demnach auch, ein Geistesleben ganz individuell und so persönlich aufzubauen, dass dieser innere Beziehungsaspekt in dem geistigen Kontakt wieder zur Geltung kommen kann. In der christlichen Spiritualität herrschte beispielsweise noch in den Jahrhunderten der Scholastik ganz selbstverständlich die Auffassung, dass der Mensch nach seinem Tod in seinen geistigen Bezügen weiterexistiert und dass seine seelisch-leibliche Existenz eine Verwandlung in die individuell-geistige Existenzform hineinzuvollziehen hat.[23] Irdische Erlebnisse, Erfahrungen und Erkenntnisse bleiben nicht in ihrer seelischen Art bestehen, die sie auf Erden besaßen; vielmehr gehen sie in die geistige Individualität des betreffenden Menschen ein, so dass sie insofern weiterbestehen, als sie zur individuellen Persönlichkeitsentwicklung des Menschen beigetragen haben, d.h. in ihrem Ich-Aspekt. Ich nehme in das Sein nach dem Tod mit, wodurch ich mich auf der Erde weiterentwickeln konnte, wodurch ich nach und nach ein «anderer» Mensch geworden bin. Eindrücke und Inhalte bleiben nicht als äußere Wahrnehmungen erhalten.

Damit ist der Geistselbst-Aspekt der menschlichen Existenz angesprochen. Während des Erdenlebens steht der Engel zunächst für diejenige innere und äußere Entwicklungsfigur, die nicht an Lebenstatsachen und Lebenseindrücken zu messen ist, sondern nur an der durch sie bewirkten Ich-Entwicklung. Letztere ist nicht unbedingt im Bewusstsein; je stärker sie für den Menschen bewusstseinsfähig wird, desto mehr gelingt es ihm, die Geistselbst-Dimension des eigenen Seins eigenständig zu gestalten, also die ältere Schutzengel-Aufgabe für die eigene Existenz allmählich selbst zu übernehmen. Der Verstorbene befindet sich permanent in einer solchen Daseinsform. Das bedeutet aber, dass die Beziehung zu dem Verstorbenen sich in demjenigen Element realisiert, das in der Vergangenheit in dem Begriff des Schutzengels angesprochen war. In dem Maße, in dem der Mensch hier Eigenrealität des Ich herstellt, kann ihm das Zusammenleben mit Verstorbenen zugänglich werden.

An dieser Stelle hört der Geist auf, abstrakt zu sein. Jede geistige Berührung ist seelisch und karmisch wirksam, aber umgekehrt muss jede seelische und schicksalsbezogene Wirksamkeit als *geistige* Berührung evident werden, sonst ist zumindest die bewusste Beziehung zwischen Lebenden und Verstorbenen unterbrochen. Gelingt es aber, allmählich Bewusstsein für diese Ebene zwischenmenschlicher Beziehung zu entwickeln, so kann sich zeigen, dass ein dauernder Dialog zwischen Lebenden und Verstorbenen stattfindet. Dieses Gespräch ist als eine Art permanente Urteilsbildung anzusehen und betrifft vor allen Dingen Entscheidungen des lebenden Menschen, über die er sich – meist unbewusst – mit ihm wichtigen verstorbenen Menschen austauscht. Solange dieser Dialog unbewusst bleibt, äußert er sich in einer Sphäre, die normalerweise nicht intersubjektiv, sondern rein persönlich aufgefasst wird. Die Erlebnisart, die ich gegenüber der Welt, gegenüber anderen Menschen, insbesondere aber beispielsweise der Natur gegenüber empfinde, ist dasjenige Element, in das die Verstorbenen hineinwirken. Diese Erlebnisform ist zu erweitern um die Stimmungen, die eine Art Grundtönung im Lebensgefühl ausmachen, aber nicht konstant bleiben. Auch hier zeigt sich in großer Innerlichkeit und nächster Verbindung zur eigenen Persönlichkeit ein intersubjektives Element, sobald es gelingt, die Beziehung zu Verstorbenen nach und nach ins Bewusstsein aufzunehmen. Wieder kann man bemerken, dass es sich hier um Bereiche handelt, die in älteren Zeiten dem Schutzengel zugeschrieben wurden. Die Lebensstimmung, das eigene Existenzgefühl, sich aus

Lebensumständen, Begegnungen, Witterungstatsachen, Schicksalsanklängen speisend, bildet einen dauernden Grundton oder eine nur langsam veränderliche Melodie der eigenen Existenz. Obwohl dieser Grundton oder die Melodie nicht selbst hervorgebracht werden, gehören sie doch unmittelbar zum Menschen, machen sein Leben aus – in diesem Sinne ist der Schutzengel in vergangenen Zeiten empfunden worden.

Der Verstorbene tritt nun in voller Ich-Bewusstheit in dieses Element ein. Indem der auf Erden lebende Mensch sich den Bereich der eigenen Lebensstimmung für geistige Selbsterkenntnis erschließt, kann er den Verstorbenen begleiten. Und im selben Maße gilt, dass der Verstorbene dann auch für das Bewusstsein des auf der Erde Lebenden präsent werden kann. Damit ergeben sich wieder weit reichende Modifikationen im Innen-Außen-Verhältnis. Es zeigt sich, dass der Bereich der inneren Gefühlsbildung von außen angeregt wird; und es wird zugleich deutlich, dass das «Äußere» eine starke Innenbestimmung hat. Denn was mir beispielsweise im Natureindruck begegnet, ist nicht nur inneres Abbild einer äußeren Naturwirklichkeit, sondern stellt sich mir in meinem eigenen Erleben dar; in diesem Erleben aber spielt eine Gefühlsqualität eine entscheidende Rolle, die wiederum dadurch bestimmt ist, dass der mir nahestehende Verstorbene am Naturgeschehen Anteil hat. Der Verstorbene ist in meinem Erleben präsent und mein Erleben wiederum ist Bestandteil des erwähnten Dialogs, d.h. nicht nur durch meine Lebenssituation und -stimmung verursacht. Indem der Verstorbene in mir selbst am irdischen Naturgeschehen Anteil gewinnt, in meinem Erleben eine Wahrnehmungsform des Irdischen besitzt, geht in dieses Erleben etwas ein, was nicht zureichend durch meine eigenen Lebens- und Erlebensvoraussetzungen zu beschreiben ist. So paradox es klingen mag: Im Sinne der

Ausbildung von Geistselbst nimmt der Mensch in dem Maße die in den Seelenstimmungen wirksame Engeltätigkeit in die Hand, in dem es ihm gelingt zu bemerken, wie er in den basalen Erlebnisqualitäten von seiner Beziehung zu Verstorbenen mitbestimmt ist.

Der Bereich, in dem sich diese Entwicklungen und Übergänge realisieren, ist wieder als die Welt der Elemente zu charakterisieren. Die Elementarwelt zeichnet sich dadurch aus, dass sie zum Irdischen hin eine Kraftwirksamkeit zur Materialisation entfaltet, während sie zum Geistigen hin aus ihrer Kraft eine Seelenwirksamkeit hervorbringt. So sind die Elemente irdisch wie geistig wirksam und bilden eine Existenzgrundlage in der irdischen wie in der nachtodlichen Existenzform. Allerdings in sehr unterschiedlicher Erscheinungs- und Erlebnisqualität, so dass die Wirklichkeit elementaren Seins zunächst dem Bewusstsein zugänglich gemacht werden muss.

Diejenige Kraft, die sich in den irdischen Elementen der Erde, des Wassers, der Luft und des Feuers (Wärme) materialisiert, wirkt in entsprechender Weise in seelisch-geistiger Ausprägung. Die Kraft desjenigen Elements, das als «Erde» bezeichnet wird, kann seelisch-geistig festigend, aber auch verhärtend wirken. Geht eine solche seelische Ausprägung in den Organismus über, so ergeben sich dort bestimmte Krankheitsformen. Das als «Wasser» bezeichnete Element hat seelisch eine Darstellungsart, die sich in Gefühlszusammenhängen äußert, geistig zeigt es sich in der Fähigkeit, Zusammenhänge zu erkennen – ähnlich wie das Wasser selbst auf der Erde immer eine zusammenhängende Oberfläche zu bilden bemüht ist bzw. sich zum Oberflächenzusammenhang des Tropfens rundet. Das «Luft» genannte Element hat in der Atmung unmittelbare seelische Bedeutung; die Selbstbeobachtung zeigt, wie aus veränderter Atmung ein modifizierter Gefühlszustand hervorgehen kann und wie umgekehrt bestimmte Gefühlsveränderungen auf die Atmung zurückwirken. Für das «Feuer» gilt, dass es den Menschen impulsieren, aber auch auszehren kann, dass es die Substanzialität auf eine höhere Stufe heben, oder aber zerstören kann.

So haben die Elemente Erscheinungsweisen in der Natur, Erlebnisformen in der Seele und sind Tätigkeitserscheinungen im Geist. Ein Gedanke kann befeuernd wirken, kann verwässern, kann einen Zusammenhang befestigen. Zwischen beiden Seiten liegen die seelischen Empfindungsqualitäten: In der sinnlichen Wahrnehmung kann der Mensch empfinden, ob ein Gegenstand fest, weich oder flüssig ist; in der seelischen Wahrnehmung kann er empfinden, wie tragend ein Gedanke, wie flüssig eine Aussage, wie fest sich eine Charaktereigenschaft darstellt. Und in diesem seelischen Empfindungselement, in dem Sinnliches und Geistiges zusammenfließen, das Irdisches und Überirdisches gleichermaßen im eigenen Urteil auffasst, begegnen sich der Verstorbene und der Lebende permanent. Was dem lebenden Menschen in der sinnlichen Welt als Empfindungsqualität zugänglich ist, das kann der Verstorbene in der Empfindungswelt des Lebenden seelisch auffassen. Aber diese äußerst nahe Existenzbeziehung beider Menschen bleibt verborgen, solange nicht für den Lebenden die geistige Dimension dieses wechselseitigen Empfindungsgeschehens zugänglich wird. Denn es ist die geistige Dimension, in der der Verstorbene existiert; er streckt gleichsam nur seine Empfindungswahrnehmung bis in den seelischen Bereich des lebenden Menschen aus. In ähnlicher Weise nimmt der auf der Erde seelisch existierende Mensch durch seine Sinnesorgane an der Wirklichkeit der materiellen Welt teil. Beide Arten der Anteilnahme an einem Geschehen außerhalb seiner selbst sind diejenigen Bereiche, in denen Engeltätigkeit anzutreffen ist. Der Engel wirkt stets an einer

Grenze; an dem Scheidepunkt, an dem sich auf der Erde ein Innenerleben mit einer Außenwahrnehmung verbindet oder wo, im Fall des Verstorbenen, die Empfindung des Lebenden zu dem Bereich der Außenwahrnehmung des Verstorbenen wird.

Man kann diesen Zusammenhang auch anders formulieren: In seinem Verhältnis zur Sinneswahrnehmung macht der Mensch ein äußeres Geschehen zu einem inneren Erleben; an dem Scheidepunkt zwischen Innen und Außen steht der Engel, der in sich selbst Weltbewusstsein und Selbstbewusstsein vermittelt. Der Verstorbene kann nun im Seeleninnern des lebenden Menschen Anteil gewinnen an all dem, womit sich der Lebende in seiner Empfindung individuell verbindet. Der Verstorbene bleibt ausgeschlossen, wenn der Mensch gleichgültig die Welt anschaut, ohne innere Beteiligung einen Gedanken denkt. Wo aber seelische Beteiligungs- oder Initiativkraft des Lebenden in einer Wahrnehmungs- oder Gedankentätigkeit wirkt, dort ist diejenige Kraft vorhanden, an der der Verstorbene Anteil gewinnen kann. Er sucht sie regelrecht, weil sie dasjenige Lebenselement ausmacht, das ihn impulsiert, ähnlich wie der auf Erden lebende Mensch durch seine Erdenerfahrungen permanent Bewusstseinsinhalte und Handlungsimpulse empfängt. – Der Engel steht aber auch an derjenigen Grenze, an der ein intensives inneres Engagement und damit auch ein gesteigertes Selbsterleben des Menschen diese Kraft wirken lässt und damit zu einer Außenwahrnehmung des Verstorbenen werden lässt, so dass die fast paradox anmutende Aussage gilt: Wenn der lebende Mensch ein gesteigertes Innenerleben hat, das aber nicht nur Selbstwahrnehmung ist, sondern sich an der Welt entzündet und gerade ein Interesse an einem Anderen dokumentiert, da lebt in dieser Selbstempfindung ein Nicht-Ich, nämlich der Verstorbene. Und die Vermittlung zwischen innen (Selbsterleben) und außen (Anteilnahme des Verstorbenen) wird vom Engel vorgenommen.

Allerdings muss auch betont werden, dass dieses Prinzip für andere Bereiche gesteigerten Innenerlebens ebenfalls gilt. Man kennt aus dem Verlauf der eigenen Biographie das Phänomen, dass Innen-Außen-Verhältnisse sich geradezu umkehren können. Wurde beispielsweise in der Jugend eine bestimmte Ausbildungs- oder Berufsanforderung als sehr stark von außen kommend und damit als nicht ich-bestimmt erlebt, so kann sich dieselbe Situation aus der Perspektive späterer Lebensjahre ganz anders darstellen. Die in der Jugend als zutiefst innerlich erlebten Motive, mit denen sich das bewusste Ich identifiziert hatte, beispielsweise die Beziehung zu einem bestimmten Menschen betreffend, erscheinen nach Jahrzehnten plötzlich als etwas fast Äußerliches, auf das man distanziert zurückblicken kann. Während auf der anderen Seite die damals als von außen kommend erlebten Anforderungen der Ausbildung oder des Berufs, die die zwischenmenschliche Beziehung vielleicht erschwert haben, als heute für die eigene Persönlichkeit grundlegend und zentral erlebt werden können. Das eigene und damit «innere» Schicksal hat in der Außenforderung ebenso gelebt wie in den seelisch zutiefst innerlich erlebten Intentionen der Beziehung zu dem anderen Menschen. Erst die Jahrzehnte der Lebensentwicklung geben die Gelegenheit beide Seiten im Hinblick auf die eigene Individualität wirklich zu beurteilen. Damit ist natürlich nicht gesagt, dass die in der Jugend innerlich erlebten Motive «illusionär» gewesen seien, dass die Wirklichkeit sie nun eingeholt habe. Vielmehr waren diese für die eigene Lebensentwicklung ebenso relevant, zumindest für die Ausbildung bestimmter Erfahrungen im Gefühlsbereich. So kann es auch in späteren Jahren nicht um eine Verurteilung, sondern nur um eine Gewichtung beider Seiten für die gesamte Lebensentwicklung und damit um eine umfassende Urteilsbildung gehen.

Vergleichbares gilt auch für Empfindungen, die unter einer besonderen Kraftwirkung stehen. Das alltägliche Lebensgefühl unterscheidet deutlich zwischen inneren Vorgängen mit Bildcharakter und solchen, die eine ausgesprochene Kraftcharakteristik besitzen. Im Bildbereich wird in aller Regel der Erkenntnisvorgang erlebt: Das Bewusstsein bildet ab, spiegelt gleichsam, was als Wirklichkeit in der Welt anzutreffen ist. Dagegen wird die Kraft als innerlich wirkmächtig in den Regionen des Bedürfnisses erlebt. Hier zeigt sich ein inneres Geschehen, dem man nicht so gleichmütig, ruhig und abwartend gegenüberstehen kann wie der abbildenden Gedankenbildung. Es liegt naturgemäß ein höherer Identifikationsgrad, eine intensivere Art der inneren Verbindung mit Kraftregungen im Bedürfnisbereich vor als mit denjenigen inneren Vorgängen, die im Bildbereich verbleiben.

Nun kann der Verstorbene gerade an denjenigen inneren Erlebniszusammenhängen Anteil gewinnen, die sich mit Interesse und innerer Beteiligung vollziehen. Es wurde dargestellt, dass der Engel in seiner Seelenwirksamkeit denjenigen Übergang bezeichnet, an dem eine Weltwirklichkeit zu seelischer Innenrealität wird. Ein solcher Vorgang ist in eminenter Art beispielsweise im Zusammenhang des Elements der Wärme mit seelisch erlebten sexuellen Bedürfnissen gegeben. Die Elementarkraft der Wärme, von der die ältere Elementenlehre noch wusste, dass sie in den seelischen und körperlichen Prozessen der Fortpflanzung wirkt, kraftet in einem seelisch erlebten Bedürfnis und macht sich selbst damit zu einem Innenerleben. Damit soll nicht gesagt sein, dass in der Sexualität allein Elementarkraft von außen im Innern des Menschen wirksam wird, vielmehr handelt es sich um ein Geschehen, in dem die enorme Kraftverstärkung innerlichen Erlebens davon herrührt, dass seelische Kraft und Elementarkraft zusammenwirken.

Der Verstorbene gewinnt nun Anteil an allem, was der Lebende mit innerem Interesse bewegt; auch an dem, was den Lebenden bewegt. Dies ist bei inneren Kraftwirkungen wie beispielsweise den sexuellen in besonderem Maße der Fall – der Verstorbene ist gerade in solchen Erlebnisbereichen präsent. In welcher Weise er in diesem Erleben anwesend ist, hängt davon ab, ob der auf Erden lebende Mensch mit seiner Individualität im Kraftbereich wahrnehmend, erlebend und handelnd ist oder ob er sich von der seelisch erlebten Elementarkraft bestimmen lässt. Würde sich der Lebende einfach mit «asketischem» Desinteresse von seiner inneren Kraftwirkung abwenden, so hätte der Verstorbene nur die Möglichkeit, den weiteren Prozess dieser Kraftwirkung im Unbewussten des Lebenden zu verfolgen. Denn es besteht gerade in diesem Bereich kaum die Möglichkeit, sich der geschilderten Kraftwirkung zu entziehen; wo sie nicht wirklich ins Leben integriert wird, wirkt sie in aller Regel im Unbewussten weiter. Wird dagegen das sexuelle Bedürfnis als eine Art Naturausstattung des Menschen nicht individualisiert verfolgt, so bleibt der Verstorbene in diesen Kraftzusammenhang eingebunden. Besteht aber die Möglichkeit, eine Individualisierung und damit Vermenschlichung auch im Bereich sexueller Kraft zu vollziehen, so kann der Verstorbene diese Humanisierung mitvollziehen und als Wirklichkeitswahrnehmung in seine Existenzform aufnehmen. Denn was im Sexuellen als Kraft wirksam ist, stellt sich im Geistigen als eine rein spirituelle Kraftwirkung dar, die sich beispielsweise auch im Wachstum von Organismen und in der gegenseitigen Bezogenheit hierarchischer Wesen äußert.

Die Wirklichkeit des Engels in einem solchen Geschehen liegt wieder an dem Grenzpunkt von Innen- und Außenwirklichkeit. Wird das sexuelle Bedürfnis als «Naturtatsache» erlebt, so hält der betreffende Mensch den Engel an der Grenze zwischen Elementar- und Seelenwirklichkeit fest, ohne dass der Engel in die Lage versetzt wird, den Übergang zwischen Innen und Außen im individualisierten Ich-Bereich zu gestalten. Wirkt die sexuelle Kraft dagegen individualisiert und in entsprechenden Beziehungsformen, so wird dem Engel ermöglicht, den Grenzpunkt zu verlagern. Für den Engel sind Bild und Kraft im Geist nie getrennt; diese Unterscheidung kann nur der Mensch vollziehen. Der Engel bleibt also an den Kraftbereich gebunden, und er sieht sich sogar gezwungen, diejenigen Kräfte zu begleiten, die vom Menschen ausgehen. Er existiert mit der Elementarkraft, wenn der Mensch sie durch Individualisierung in einen menschlich-seelischen Bereich erhebt, aber auch wenn sie die menschliche Seele wie von außen bestimmt. Es kann als ein Merksatz gelten, dass der Engel stets dort anzutreffen ist, wo ein geistiger Zusammenhang als Kraft wirkt. Dies ist aber bei der Wachstums- und Zeugungskraft im Menschen der Fall, egal, auf welcher Entwicklungshöhe sie erscheint.

Der Verstorbene nimmt in demjenigen Terrain wahr, das der Engel nach Maßgabe des betreffenden lebenden Menschen umgrenzt. Auch der Verstorbene existiert in einem Bereich, in dem Bild und Kraft nicht getrennt sind. Er ist darauf angewiesen, im lebenden Menschen einen Kraftbereich anzutreffen, denn nur mit innerlich wirkender Kraft ist der Mensch auf Erden wahrhaft verbunden. Trifft der Verstorbene im lebenden Menschen nur auf nichtindividualisierte Bereiche von Bedürfniserleben, so muss der Verstorbene dort anwesend sein. Nur wenn im Menschen in seelisch-geistiger Entwicklung auch andere Kraftbereiche angelegt sind, mit denen eine innere Verbindung vorliegt, beispielsweise Bereiche zwischenmenschlichen Interesses, kann der Verstorbene auch dort durch den Lebenden Anteil an entsprechender Erdenrealität gewinnen. Da der Verstorbene eine ausgesprochene Intention, etwas wie eine Sehnsucht nach entsprechenden Möglichkeiten der Anteilnahme an Erfahrungen besitzt, kann er jede Art der inneren Kraftverbindung im lebenden Menschen verstärken. Darin kann eine gewisse Gefahrenquelle insofern gesehen werden, als eine solche Kraftverstärkung in dem einen Fall zur Intensivierung nur vermeintlich persönlicher, im Grunde aber nichtindividueller Elementarwirkung, im anderen Falle aber zur Intensivierung von Ich-Bestrebung im Erlebnisbereich dienen kann. Die Möglichkeit, die Kraftwirkung aus dem Bereich der Verstorbenen in die eine oder andere Richtung zu qualifizieren, liegt allein bei dem Menschen, der auf der Erde lebt.

Die Sehnsucht nach Anteilnahme kann gerade bei Menschen auftreten, die unter tragischen persönlichen oder auch zeitgeschichtlichen Umständen verstorben sind. Man denke beispielsweise an die Ereignisse der 30er und 40er Jahre des 20. Jahrhunderts. Viele Menschenleben haben ein biographisch nicht abschließendes, gewaltsames Ende gefunden; Schicksalsfragen nicht nur des Einzelnen, sondern ganzer Gruppierungen, Familien und Völker sind in gravierender Weise entstanden und bis heute offen geblieben. Das Leben von Menschen hat plötzliche, schockähnliche Wendungen genommen, die durch die weiteren Lebensereignisse nicht weiterverarbeitet und zu einem biographisch stimmigen Abschluss gebracht werden konnten. Die offenen Fragestellungen, die Tragik eines ganzen Zeitgeschehens, vielfaches Leid und Elend wurden mit in die geistige Welt genommen; hier kann zwar eine geistige, nicht aber eine erdenbezogene Weiterentwicklung stattfinden. Die unter diesen Umständen Verstorbenen können die Sehnsucht entwickeln, aus den inneren Erlebnisformen der lebenden

Menschen die Kraft zu einer Verarbeitung zum Positiven zu ziehen. Sie warten auf eine Möglichkeit zur Anteilnahme an denjenigen inneren Erlebnisbereichen, in denen sich die Lebenden den Schicksalsereignissen dieser Zeit zuwenden. Aber nicht nur in der direkten Zuwendung, sondern auch in der indirekten menschlichen Weiterentwicklung der infrage stehenden Probleme, von persönlichem Leid und Völkerschicksal sehen die Verstorbenen möglicherweise eine Chance, für ihre eigene Innensituation eine Bewegungsfreiheit und Lösungsansätze auszumachen. Das neuere Interesse an den Entwicklungen der 30er und 40er Jahre ist sicherlich auch aus einer solchen Sehnsucht aus den Regionen der Verstorbenen zu erklären; sie suchen nicht nur nach einer weiteren Erlebnisverarbeitung, sondern auch nach Verständnismöglichkeiten für das Geschehene, die ihnen bisher verschlossen waren. Mit diesen Bedürfnissen wenden sie sich gleichsam an die lebenden Menschen, aber nur dort, wo diese mit innerem Engagement und Erlebnisintensität anwesend sind.

Wieder steht der Engel auf der Grenze, die Innen- und Außenräume unterscheidet und auch verbindet. Die Erkenntnisprobleme und die Schicksalsentwicklungen aus der Mitte des 20. Jahrhunderts sind weitgehend ungelöst. Es kommt daher, meist unbewusst, zu einer Koinzidenz von Menschen, die verstorben sind, und denjenigen, die heute leben, und zwar in den Erlebnisräumen der Letzteren. Wachen die gegenwärtigen Menschen auf für das Problem, das sie unmittelbar mit der Existenz der Verstorbenen verbindet, so kann der Engel den Verstorbenen in einer heilsamen Weise Anteil geben an dem Selbst- und Welterleben der Gegenwärtigen. Gelingt den Lebenden aber eine solche innere Ausrichtung nicht, so ist der Engel gezwungen, «Inneres» (die Seelensituation der gegenwärtig Lebenden) und «Äußeres» (die Sehnsuchtssituation der Verstorbenen) in problematischer Weise zu verbinden: Die Sehnsucht lebt sich unerkannt in dem vermeintlich subjektiv-persönlichen Empfinden der Gegenwärtigen aus. Angesprochen sind damit nicht nur Nationalismus und Fundamentalismus; man kann dabei auch an Erlebnisse von Menschen der Gegenwart denken, die nichts mit «Krieg» zu tun zu haben scheinen: beispielsweise an all diejenigen depressiven Zuspitzungen, die sich nicht biographisch erklären lassen und das Erleben von durch nichts zu überwindender Aussichtslosigkeit und Isolation dokumentieren.

Die Initiation

Und der Engel steht an einer weiteren Grenze. Die menschliche Existenz spannt sich auf der Erde zwischen Leib und Geist aus; sie geht aus von demjenigen individuellen Geist, der sich vorgeburtlich den Organismuszusammenhang schafft, geht dann ein (durch Empfängnis, Geburt, biographische Entwicklung) in das leibliche Sein, von dem aus ein bewusster Zugang zum Geist wieder möglich wird. Wenn der bewusste Zugang zum Geist gelingt, dann verliert der Übergang zum Geist am Ende des Lebens, der Tod, seinen Schrecken. Im Sinne des Angelus Silesius: «Wer nicht stirbt, bevor er stirbt, der verdirbt, wenn er stirbt».[24] Wer also den Übergang zum Geist, den Tod, schon in das irdische Leben aufnehmen kann, wer im Leben zur bewussten Geistentfaltung kommt, der setzt im Tod diese geistige Entwicklung nur fort.

In dem Spannungsbogen zwischen *geistiger* Individualität, die vorgeburtlich ursächlich zum Leibesorganismus steht, und der *leiblichen* Individualität, die die menschliche Existenzgrundlage im Erdensein bildet, entfaltet sich die *seelische* Individualität als das zunächst das Ich bestimmende Lebensgefühl. Hier begegnet der Mensch sich selbst und der Welt; in diesem Lebensgefühl verbindet sich der Eindruck des eigenen Selbst mit den Empfindungen von der Welt, an denen sich das Selbstgefühl immer weiter entwickelt. Der Engel steht nun interessanterweise für die heutige Bewusstseins- und Lebensentwicklung nicht in demjenigen seelischen Innenraum, der innerhalb des Spannungsbogens zwischen Leib und Geist sich bildet. Vielmehr ist der Engel am Ursprungsort der Individualität anzutreffen, da, wo sich der Leib und der Geist des Menschen unmittelbar begegnen. Dass sich die geistige Individualität mit ihrem individuellen Leib einen Spiegelungsapparat schafft, in dem sie sich irdisch mit Hilfe von Weltwahrnehmungen wiedererkennen kann, hat Rudolf Steiner in seinem «Heilpädagogischen Kurs» (1924) menschenkundlich und in den therapeutischen Konsequenzen dargelegt. Dieser Zusammenhang soll hier nicht noch einmal erörtert werden.[25] Der Organismus als Spiegelungsapparat des Ich, der auch die seelische Innenraumbildung ermöglicht, kann nun zu dem Trugschluss führen, der Geist sei vom Leib hervorgebracht bzw. abhängig. Diese Aussage gilt lediglich für eine bestimmte, heute unmittelbar zugängliche Bewusstseinsstufe: Hier wird für den Menschen erlebbar, was sich als Gedanken-, Gefühls- und Wahrnehmungsprozess am Leib spiegelt. In Vergessenheit kann darüber geraten, dass es das geistige Ich gewesen ist, das sich selbst den Leibesapparat hervorgebracht hat, der nun bewusstseinsbildend wirkt. Das Aufwachen in einem geistigen Bewusstsein würde deshalb darin bestehen, durch eine geistige Durchdringung des Leibes diesen selbst als geistgeschaffen zu erkennen. Das ist allerdings nur möglich, wenn es gelingt, ein Bewusstsein auszubilden, das leibunabhängig ist.

Hier kann die Anwesenheit des Engels spürbar werden. Er begegnet dort, wo die seelische Innenraumbildung zwischen Leib und Geist als Lebensgrundlage im Selbstgefühl des Ich bestehen bleibt; wo es aber darüber hinaus gelingt, für das Bewusstsein einen direkten Bezug zwischen Geist und Leib herzustellen. Der Engel ist auch hier wieder jenes Doppelwesen: Er wird objektiv im menschlichen Leib, er wird subjektiv im menschlichen Ich-Bewusstsein. Er verbindet als Geistselbst-Wesen beide Seiten, und bevor der Mensch in freier geistiger Entwicklung Geistselbst ausgebildet hat, ist es der Engel, der als «Schutzengel» die Lebensentwicklung zwischen Leibesindividualität und Ich-Individualität begleitet. Der Engel möchte beide Seiten für die weitere Ich-Entwicklung des betreffenden Menschen in angemessener Weise verbinden. Man kann dem Engel heute begegnen, indem man auf demjenigen gründet, was er als Lebensgefühl des Ich zwischen Leib und Geist mit hervorbringt; indem man es aber gleichzeitig auch transzendiert, d.h. zu einem Geistbewusstsein hin überwindet.

Die Individualität kann sich dann bis in das Lebensgefühl hinein nicht mehr nur als eine an der Leibesexistenz gespiegelte, sondern als eine im eigenen Seelensein schaffende erleben (wie früher der Engel im Seelensein des Menschen schaffend war). Dann kann auch in die eigene Wahrnehmung eintreten, dass das Ich im Übergang von vorgeburtlichem Sein über Konzeption und Geburt in das irdische Leben im Hinblick auf den Leib schaffend war. Dies ist der Moment, in dem im Sinne der Ausbildung von geistselbstfähigem Bewusstsein die Engelperspektive eingenommen werden kann. Es kann dann ein inneres Erleben entstehen, das Johannes Scotus Eriugena im 9. Jahrhundert in die Worte gefasst hat: «Denn der Engel entsteht im Menschen durch den Geist des Engels, der im Menschen ist, und der Mensch entsteht im Engel durch den im Engel gegründeten Geist des Menschen.»[26]

Eine solche Engelbegegnung kann heute als Initiation

gelten. Diese Einweihung muss gar nicht darin bestehen, dass der Engel unmittelbar als «Engel» erscheint. Entsprechende Vorstellungen gewinnen ihre Deutlichkeit zumeist doch nur an den überlieferten Darstellungen aus früherer bildender Kunst oder aus den Berichten von visionären Erscheinungen. Dass es sich bei einer geistigen Entwicklung oder einem geistigen Impuls um eine Engelbegegnung handelt, ist vielleicht erst nachträglich durch eine bestimmte geistig-begriffliche Klärung zu bemerken. Aber auch ein unmittelbares Erleben kann sich einstellen, allerdings ohne dass sich diese Engelbegegnung als besonders spektakulär zeigen müsste. In dem geistigen Zusammentreffen mit dem Engel ereignet sich aber auf jeden Fall eine gewisse Übergabe – nämlich der Verantwortung, die bislang der Engel für Leib, Seele und biographischen Verlauf des betreffenden Menschen innehatte.

Allerdings ist mit dieser Verantwortungsübergabe auch eine gewisse Gefahr verbunden. Solange der Engel für den Menschen in der beschriebenen Weise tätig war, konnte sich eine ganz selbstverständliche Beziehung des Menschen zu sich selbst ergeben. In dem Selbstgefühl, das im Seeleninnenraum entstand, konnte sich das menschliche Ich auf der Erde selbst begegnen. Wird aber diese Lebensstimmung nun vom Engel nicht mehr zur Verfügung gestellt, so kann das menschliche Ich in der Lebensentwicklung sich selbst verlieren. Dass die Lebensstimmung und das Selbstgefühl in der Gegenwart problematisch werden, belegen neurotische oder psychotische Symptome in den Formkreisen der Depression, des Sinnverlusts, der Willensproblematik und auch der Panikerkrankungen.

Christus spricht im Johannes-Evangelium (10,17 f.): «Deshalb liebt mich der Vater, weil ich meine Seele (psyche) hingebe, um sie wieder zu nehmen. Niemand nimmt sie mir, sondern ich gebe sie freiwillig hin. Ich habe die

Macht, sie hinzugeben, und ich habe die Macht, sie wieder zu nehmen.»[27] In diesem alten Text ist angedeutet, welche seelenbegründende Aufgabe dem Ich in der neueren Menschheitsentwicklung zukommt. – Es kann nun allerdings der Fall eintreten, dass das Ich dieser Aufgabe nicht nachkommt und gleichzeitig der alte, durch Engelkraft Leib und Geist verbindende Seelenraum nicht mehr entsteht. Daraus würde sich nicht nur die Gefahr des leeren Ich-Gefühls ergeben, wie sie in den genannten Krankheitsformen anklingt, sondern auch die Frage entstehen, wie die leibliche und die geistige Entwicklung für den Menschen in Zukunft verbunden werden können, wenn diese Verbindung durch den Engel nicht mehr vollzogen wird.

Durch die menschheitliche und kosmische Entwicklung, in der sich auch die Beziehung des Engels zum Menschen verändert hat, ist das alte Einweihungsprinzip zum Lebensprinzip geworden. Diese Entwicklung ist noch nicht in jeder Biographie greifbar, sie kündigt sich aber individuell wie kulturell bereits in größerem Ausmaß an. Es gibt keine Initiation ohne Grenzerlebnisse und ohne Schwellenübertritt. Beides begegnet nicht mehr allein in religiösen oder erkenntnisbezogenen Sonderbereichen, sondern im allgemeinen Leben. Auch hier gilt das Entwicklungsprinzip, dass der Geist zunehmend im Menschen Fleisch wird, also eine vordem geistige Orientierung im Menschen zunächst die Ebene des seelischen Lebens und dann auch der leiblichen Existenz erreicht. Dadurch findet eine fortwährende Vermenschlichung des Geistes statt, und über den Menschen tritt der Geist zunehmend in irdische Wirklichkeit ein, in der er dann auch mehr und mehr aufgeht. Die Schwierigkeit besteht dann darin, den Geist (auch den Engel) nicht mehr dort zu suchen, wo er nicht mehr anzutreffen ist, nämlich in einer «jenseitigen» geistigen Welt. Man kann bemerken, dass es sich bei dieser Entwicklungstendenz um ein genuin christliches Prinzip handelt; denn das Menschwerden des schöpferischen Geistes schlechthin, des Logos, ist mit den Ereignissen von Palästina vor 2000 Jahren nicht abgeschlossen, sondern hat damals gerade begonnen. Das Fleischwerden allen Geistes setzt sich in der weiteren Menschheits- und Erdengeschichte fort, und zwar bis zu dem Punkt, an dem der gesamte Geist durch den Menschen Fleisch geworden sein wird. Der Geist existiert dann nicht über, sondern auf der Erde.

Dieses Prinzip ist heute schon im Verhältnis zwischen Engel und Mensch nicht nur abzulesen, sondern zu einer Lebensrealität geworden. Das Engelverständnis wird so zur praktizierten Menschenkunde, beispielsweise indem sich zeigt, wie das menschliche Ich jetzt seinen Lebens- und Leibbezug selbst in die Hand zu nehmen hat. Der Engel ist gleichsam als dasjenige Wesen, durch das sich im Sinne der Geistselbst-Wirkung Leib und Geist verbinden, in die menschliche Leibesentwicklung eingegangen. Damit entsteht auch die Gefahr, dass sich im Menschen der individuelle Leib und das Ich-Bewusstsein nicht in angemessener Weise vereinigen können. Der Leib wäre dann nicht mehr Entwicklungsgrundlage für das Ich, und der Engel müsste sich in eine Leibesentwicklung eingebunden empfinden, die nicht der weiteren Ich-Individuation des Menschen dienen kann. Zu den der Initiation vorangehenden Grenzerlebnissen gehört es auch, in diesen Abgrund der Menschheitszukunft nicht nur theoretisch zu blicken, sondern ihn an dem drohenden eigenen Seelenverlust und den entsprechenden leiblichen Symptomen in Organen und Körperfunktionen «am eigenen Leibe» zu erleben.

Initiation bedeutet dann, die Schwelle zu erkennen und ein individuelles Geistverhältnis aufzubauen, das der früheren Aufgabe des Engels entspricht und zugleich den

Menschen als eigenständiges geistiges Wesen dem Engel gegenüberstellt, ihn zum «Mitregenten» des Engels macht, wie Thomas von Aquin formuliert.[28] Andernfalls, und auch daran ließ die ältere Überlieferung keinen Zweifel, würde der Engel vom Menschen indirekt gezwungen, in eine dämonische Wirkungsweise überzugehen. Das bedeutet unter dem hier geschilderten Gesichtspunkt, dass der Engel genötigt wäre, das geistig belebende Prinzip eines Leibes zu werden, dessen Entwicklung nicht mehr der Ich-Individuation des Menschen entspricht, mit dem er ursprünglich verbunden war. Es ist nicht besonders fernliegend, sich vorstellen zu können, wie aus einer solchen Belebung auch eine Beseelung und damit Erlebnisgenerierung hervorgeht – die allerdings die Frage aufwirft, wer sich eigentlich in diesem Leib selbst erlebt und wer durch die Organe des Leibes die Welt wahrnimmt. Der betreffende Engel selbst kann es nicht sein, denn es entspricht nicht den gegenwärtigen Existenzbedingungen des Engels, in einem individuellen physischen Leib inkarniert zu sein.

Zu den Grenzerlebnissen, die dem Schwellenübertritt vorangehen, gehört in diesem Sinne auch, in einer gewissen Härte und Ausdauer mit der angedeuteten Frage im Hinblick auf die eigene Existenz umzugehen und dabei auszuhalten, dass Seelen- und Leibeswirklichkeit zwar immer noch in dem Gewande des eigenen Selbsterlebens auftreten, aber im Grund fortlaufend überprüft werden müssen, inwiefern sie noch dem Kriterium der Ich-Entwicklung entsprechen. Diese Überprüfung kann den Blick in den Abgrund bedeuten. Überschritten wird die Schwelle, wenn das alte Initiationsprinzip heute als geistige Existenzgrundlage begriffen werden kann: Der Blick in die geistigen Augen des Engels von Angesicht zu Angesicht, derjenige Blick, bei dem sich herausstellt, dass der Mensch heute aus den Augen des Engels und der Engel aus den (geistigen wie sinnlichen)

Augen des Menschen blicken kann. Der Engel wird in die eigene Individualität hereingenommen. Seine Integration in das Menschenverständnis und in das Selbstbild offenbart sich dann vielleicht als ein Überlebensmittel des menschlichen Ich. Die Existenz des Ich wird neu begründet, wenn durch die geistige Selbstbestimmung der Leib wieder das formende Prinzip aus dem Ich erhält und sich daraus ein neues seelisches Selbsterleben, aber auch ein neuer Erlebniszugang zur Natur und zur Welt ergeben kann.

In der älteren aristotelischen Menschenkunde galt das Prinzip «anima forma corporis», die Seele als die Form des Leibes: selbstverständlich nicht als äußere Form, sondern als innere Formkraft. Diese war nicht als eine Kraft vorgestellt, die im irdischen Selbsterleben der Seele anwesend ist, sondern als eine geistige Formkraft, die auch das seelische Dasein begründet; als eine Kraft, die in der christlichen Tradition als der Engel bezeichnet werden kann. Durch ihn wirkt die Individualität aus der vorgeburtlichen Existenz organbildend, durch ihn wird der Organzusammenhang in Kindheit und Jugend entwickelt, durch ihn wird er im Erwachsenenalter erhalten. Der Engel bildete die substantielle und ursächliche Form des Leibes in der Aufgabenstellung, die er für die Individualität hat, nämlich die individuelle geistige mit der individuellen leiblichen Entwicklung zusammenzupassen. Es war dieselbe Kraft, die nach dem Tod die Konsequenzen aus der letzten Inkarnation zog, die Lebensergebnisse dann aber später wieder so in einen Kraftstrom konzentrieren konnte, dass eine anschließende individuelle Leibesentwicklung für eine neue Inkarnation möglich wurde. Die neue Leibesentwicklung wurde wieder zu einer Grundlage der seelisch-geistigen Ich-Individuation des betreffenden Menschen.

Nun ist die Menschheitsgeschichte an einem Punkt angelangt, von dem an der Mensch selbst nach und nach an die

Stelle des Engels tritt und in seiner bewussten geistigen Entwicklung zur inneren Formkraft des Leibes wird. Darauf sind die Organe und ihr Zusammenhang angewiesen, wenn sie sich weiter als *menschliche* Organe erweisen, dem Eingreifen des Ich sich öffnen und damit Fundament und Instrument von dessen weiterem Werdegang bleiben sollen. So stellt sich für die moderne Initiation, von Angesicht zu Angesicht in der Beziehung zum Engel, aber auch den Blickwinkel des Engels einnehmend, eine bestimmte Aufgabe. Sie kann auch als ein entscheidendes Element eines zeitgemäßen Geistbewusstseins gelten und lässt sich in die Frage kleiden: Wie kann ein bewusstes Geistesleben ausgebildet werden, das in der Lage ist, nach innen hin für Seele und Leib als bildende Form zu wirken?

Es liegt auf der Hand, dass die Formung der Organe und Funktionen nicht *Inhalt* dieses Geisteslebens sein müssen; sie sind vielmehr seine *Wirkung*. Die Wirkung einer Beziehung zum Geist, die nicht illusionär ist und dem nach Erkenntnis suchenden Ich entspricht, entwickelt auf jeden Fall solche Formkräfte, auch wenn sie nicht ins Bewusstsein treten. Die Spiritualität des 9. Jahrhunderts brachte durch die Individualität des Johannes Scotus Eriugena die Aussage hervor, Engel und Mensch seien als geistige Naturen gleichen Wesens.[29] Auch der Engel hat in vergangenen Zeiten nicht dadurch formend auf den Organzusammenhang gewirkt, dass er diese Formkraft bewusst organisch zur Anwendung gebracht hätte. Das war und ist die Aufgabe sehr viel höherer hierarchischer Grade, die im Bereich der ersten Hierarchie anzusiedeln sind. Aber der Engel hatte durch sein geistesklares Bild der Welt, das in der Doppelgesichtigkeit seiner Existenz zugleich Selbsterleben war, stets die Möglichkeit, durch ein wahres Geistverhältnis diejenigen formenden Kräfte in den Organismus des Menschen einzubringen, deren dieser bedurfte. In *dieser* Aufgabenstellung löst der Mensch den Engel ab.

Damit sind vor allem die Jahre und Jahrzehnte der ungefähren Lebensmitte angesprochen. Aus der Genforschung ist bekannt, dass vererbte Merkmale des Leibes und der Seele insbesondere nach der Lebensmitte beginnen sich auszuprägen – es sei denn, der Mensch ist in der Lage, Eigenprägungen an ihre Stelle zu setzen.[30] Damit ist ein Weg angedeutet, über den Ich-fremde Kräfte im Seelen- und Leibeszusammenhang sich ausbreiten: über den nichtindividuellen Blutsstrom, der auch in der Vererbung wirksam ist. Aus dem individuellen Leib wird so ein Gruppen- bzw. Gattungsorganismus, ähnlich demjenigen des Tieres. Ein solcher organischer Zusammenhang wird zunehmend in der Lage sein, sich durch fremde Organe «ergänzen» und durch nicht ich-adaptierte Stoffe und Methoden kurieren zu lassen. Gelingt es, statt dessen durch Geistselbst-Bildung hervorgebrachte Ich-Kräfte organformend zu erzeugen, so vollzieht sich in dem angesprochenen biographischen Abschnitt so etwas wie eine neue Ich-Geburt inmitten des Lebens. Diese Geburt aber geschieht im vollen Selbstbewusstsein und in einer Selbstverantwortlichkeit, die dem Menschen das Existenzgefühl des Engels näher bringt. Diese Ich-Geburt hat insofern Geistselbst-Charakteristik, als auch das Selbstgefühl sich dann nicht mehr auf mitgebrachte körperwirksame Kräfte und deren Rückstrahlungen in die Seele gründet. Als Geistselbst-Kraft hängt die neue Ich-Geburt ab von dem Interesse an Wahrheitsfragen, aber auch von dem Welt- und Menscheninteresse, das das Ich authentisch hervorbringen kann. Die leibliche Geburt und die weitere biographische Entwicklung bis zur Ich-Geburt in der Mitte des Lebens erscheinen dann als eine Art Grundlage und Vorbereitung; und der Tod am Ende des Erdenlebens ist nicht länger Schlusspunkt, sondern ein Übergang, der in eine Existenzform führt, die zwar leibfrei ist, sich aber nicht grundsätzlich von der irdischen seit der neuen Ich-Geburt unterscheidet.

Damit gewinnt die irdische Existenz in ihrem Verhältnis zur geistigen eine neue Dimensionierung. Sie gibt in der Mitte des Lebens die Gelegenheit, mitgebrachte und somit «gegebene» Entwicklungsvoraussetzungen in einer Lebensentscheidung oder Selbstvergewisserung bewusst zu übernehmen oder umzuschmelzen. Das Leben auf der Erde selbst erhält dadurch eine Charakteristik, die derjenigen der geistigen Welt entspricht, wenn die natürlichen und konstitutionellen Voraussetzungen der eigenen Existenz in einer Art moralischer Entsprechung Folgen der eigenen Ich-Entwicklung und Bewusstseinshaltung werden. Die Existenzbedingungen der Erde und der geistigen Welt kommen sich so ein Stück näher, und der Mensch erfüllt seine Aufgabe, in sich Himmel und Erde, physische und geistige Welt zu verbinden. Damit vollzieht der Mensch heute im Leben, was in vergangenen Zeiten im Einweihungsvorgang geschah: Er versetzt sich selbst in die Existenzbedingungen des Geistes, aber noch hier auf der Erde, und er stirbt damit nicht den natürlichen, sondern einen selbstgewählten übernatürlichen Tod (der aber den Weg zur Auferstehung ebnet).

Geistige Übung, Studium und «Bildung» (in diesem alten Begriff deutet sich noch die ursprünglich gemeinte Bildekraft des Geistes an) sind zwar eine Voraussetzung für die Ich-Geburt als neue Initiation, können aber nicht als hinreichend angesehen werden. Denn hinzukommen muss jene Schwellenberührung, deren existenzielle Erschütterung die geistige Bemühung des Menschen wirksam werden lässt, die gesamte mitgebrachte Existenz umschmelzend, bis in das Selbstgefühl und die Leibesvoraussetzungen hinein.

Wenn das Prinzip geistiger Schulung im Sinne der neuen Initiation Lebensprinzip wird, dann entspricht diese neue Existenzform derjenigen des Engels. In dessen kosmischer Geistselbst-Haltung gibt sich die eigene Existenz fortwährend die Grundlage des Seins durch eine situativ sich stets erneuernde *Geistesgegenwart.* Eine solche Geistesgegenwart kann für den Menschen als diejenige Existenzform gelten, von der Anselm von Canterbury im 11. Jahrhundert die apokalyptische Zukunft der Erde bestimmt sah: der Mensch, der beginnt das neue Jerusalem aufzubauen, indem er kosmisch die Stelle des Engels einnimmt.[31]

DER ENGEL BERÜHRT DEN MENSCHEN

Der Engel erscheint nicht mehr unmittelbar; das ergibt sich aus dem bisher Besprochenen. Aber er kann beginnen, (vielleicht zunächst nur leise) wahrnehmbar zu sprechen. Voraussetzung ist allerdings geistige Aufmerksamkeit des Menschen, eine Sensibilität, die über sinnesbezogene und seelische Empfindungsfähigkeit hinausgeht. Dann wird die Engelbegegnung zu einem allmählichen Empfindungsaufbau im Ich, zu einer authentischen geistigen Erfahrung. Diese gewinnt ihre Bestätigung aus einer inneren geistigen Überzeugungskraft. Eine von außen feststehende Engellehre, beispielsweise im Sinne des christlichen Mittelalters oder auch der geisteswissenschaftlichen Hierarchienanschauung, kann den Weg zu innerer Überzeugungskraft bereiten, sie aber nicht ersetzen. Die Individualität, der geistige «Eigenort»,[32] kann nur von jedem Menschen selbst gefunden werden. Dann ist der Engel anzutreffen. Das Ich muss sich allmählich konturieren, wenn die Begegnung mit dem Engel Wirklichkeitscharakter gewinnen soll.

Die Ausbildung von geistiger Individualität meint eine Persönlichkeitsentwicklung, die existentiellen Charakter besitzt, weil sie an die Grenzen des Ich und des Schicksals anstößt. Es kommt zu einer Ich-Berührung von innen und von außen, auch indem Schicksals- und Leidenssituationen in das Bewusstsein treten. Die Engelbegegnung setzt in diesem Sinne voraus, dass eine geistig-existenzielle Grundstimmung in das Leben des Menschen einzieht; dass er eine Lebenshaltung ausbilden kann, in der die Schicksalsereignisse, seelische und körperliche Problemsituationen, aber auch angenehme Erfahrungen an demjenigen Punkt erlebt werden, wo sie das Ich berühren. Die Ich-Berührung findet ihren Ausdruck nicht nur in seelischer Betroffenheit oder seelischem Ergriffensein, sondern darin, dass das Ich aus dem Erlebten Entwicklungskraft ziehen kann.

Der Engel spricht in ein Grundgefühl geistiger Sehnsucht hinein. Die Sehnsucht bezieht sich auf eine Anbindung im Geist, aber sie erlebt sich doch in einer gewissen Aussichtslosigkeit und Verlorenheit. Denn in der Sehnsucht wird die Engelferne auch spürbar – eine Voraussetzung der menschlichen Freiheit. In der Sehnsucht spiegelt sich die Erfahrung, dass die Beziehung zu einer geistigen Kraft verloren gegangen ist. Im Innern wird seelische, wird körperliche Kraft spürbar; es zeigen sich Bedürfnisse, Willensregungen. Aber handelt es sich dabei um Kraftwirkungen, mit denen sich das Ich verbinden und aus denen es sich weiterentwickeln kann? Die Stärkung des Ich wäre davon abhängig, Verbindung zu einer geistigen Kraft zu finden. Eine solche Verbindung setzt aber voraus, dass das Ich an seinem geistigen «Eigenort» eine gewisse Festigkeit ausbilden konnte; sonst wirkt die Engelbegegnung in dem Sinne «schrecklich», dass sie beginnt, die Festigkeit des Ich-Erlebens aufzulösen, wie sie sich im Tagesbewusstsein normalerweise ausbildet. Nach biographischen und auch menschheitsgeschichtlichen Epochen der Engelferne kann die Engelbegegnung auch als eine Probe aufgefasst werden, die zeigt, ob das Ich seine Freiheit von geistiger Wirklichkeit nutzen konnte, um eine tragfähige Eigenrealität auszubilden.

Die Überwindung der Oberfläche des Lebens ist eine Grundbedingung, damit der Engel zu sprechen beginnt. In der Beziehung zu Kindern spricht sich am ehesten aus, welche Grundhaltung zu einer Annäherung an den Engel führt. Im Verhältnis zu Kindern ergibt sich eine Verbindlichkeit der Beziehung, eine Unmittelbarkeit und Offenheit, die Erwachsenen gegenüber schwer herzustellen ist. Und auch die Kinder selber reagieren in einem gesunden sozialen Zusammenhang verbindlich, d.h. der Kontakt führt zu einer menschlichen Begegnung. Sie reagieren unmittelbar, unverstellt, in den Intentionen ehrlich und in einer Offenheit der Resonanz auf den Erwachsenen. Sie reagieren offen, d.h. die Beziehung zur Umgebung dient der Selbstdarstellung und nicht der Selbstverhüllung. Das Selbstgefühl geht aus der Beziehung hervor, sie kapselt sich nicht in einer Art innerer Parallelführung zum Außenkontakt ab.

Und an Kindern wird die Kraft des Geistes zumindest mittelbar spürbar. Sie wirkt in der Körperentwicklung und in der Nähe, die zwischen seelischer und leiblicher Situation des Kindes besteht. Individualitätskräfte, die sich nicht nur seelisch äußern, zeugen von Realität; es ist unzweifelhaft, dass in der leiblichen Entwicklung des Kindes individuell-biographische Kräfte wirken, die sich auch darstellen und damit zu der Belebtheit und Existentialität der Beziehung beitragen, wie sie sich Kindern gegenüber ergeben kann. – Eine ehrliche Selbstüberprüfung kann zeigen, dass eine tiefe Sehnsucht nach geistiger Kraftwirkung, menschlicher Nähe und realem Ausdruck geistiger Individualität in Beziehungen zu Kindern spürbar wird, und dass diese Sehnsucht darüber hinaus bestrebt ist, Ähnliches in den Lebensverhältnissen Erwachsenen gegenüber zu realisieren.

Im Zusammensein mit Kindern kann man sich kaum «draußen halten»; die Engelnähe wird immer dann leise spürbar, wenn eine Beziehung aus der Intensität des Ich dieses Ich an seine eigenen Grenzen führt. Dem Kind gegenüber ist die Intensität des Ich eine geistige, die Grenzberührung des Ich ist ebenfalls geistig, nicht allein ein seelisches Schicksalsgeschehen. Denn am Kind kann erlebt werden, dass der Geist wirksam ist; zumindest ansatzweise wird spürbar, dass der Geist in der körperlich-seelischen Entwicklung des Kindes arbeitet.

Die Situation einer intuitiven Engelnähe wird auch in der Selbsterkenntnis möglich, allerdings auch hier im Sinne einer geistigen Fühlungnahme an den Grenzen des Ich-Erlebens. Dieses wird in geistiger Charakteristik dann möglich, wenn ich mir in den Konsequenzen meiner eigenen Urteilsbildung begegne und wenn es mir gelingt, meine Urteilsbildung (mir selbst gegenüber, anderen Menschen gegenüber, Lebensproblemen gegenüber) so ernst zu nehmen, dass ich sie als Lebenskonsequenz auch einzulösen beginne. Dann vollziehe ich nicht eine Urteilsbildung, die sich in Diskrepanz zur Lebensführung befindet, sondern arbeite daran, diesen Graben zu überwinden – allerdings nicht so, dass die Urteilsbildung zurückgedrängt wird, sich einkapselt, in eine latente Lebensdepression übergeht. Es kommt dann viellleicht zu der Entscheidung, die Diskrepanz zwischen eigener Einschätzung und Lebensprozess *in Bewusstheit* zu überführen und sie auszuhalten; mit der Tendenz, die Lebenskonsequenzen zu ziehen. Auch hier kann der Engel im Sinne der älteren Überlieferung «furchtbar» wirken; denn das Leben wird durch eine solche Entscheidung nicht leichter.

Aber auch ohne die Bewusstheit, die durch eine solche Lebensentscheidung entsteht, ist der Engel wirksam, vielleicht in «furchtbarer» Weise. Wenn die geistige Grenzberührung nach Maßgabe des individuellen Entwicklungsganges (jeder Mensch ist hier verschieden) zu spät stattfindet, wird die Engelkraft so wirken, dass Probleme und Krankheitssymptome im organischen Bereich entstehen. Wenn eine (wieder im Hinblick auf den individuellen Entwicklungsgang) zu frühe Entscheidung für geistige Erfahrungen an den Grenzen des Ich stattfindet, wird es zu einer seelischen Vereinseitigung kommen, weil dann die notwendige Ich-Autonomie noch nicht ausgebildet werden konnte.

So können psychische Problemstellungen, Schicksalsverirrungen und auch organische Krankheiten als «furchtbare» Wirkungen der Engelkraft gelten; nur dass der Engel selbst diese Wirkungen nicht hervorbringt, sondern sie sich als Konsequenz einer verspäteten oder verfrühten Geistbeziehung des Menschen erweisen. Hier ist eine neue Ursachenbeurteilung notwendig: Der Organismus ist zunehmend von der Wirkung der Bewusstseinsseelen-Kraft abhängig;[33] auch der Seelenorganismus erhält seine innere Struktur durch diejenige Kraft, die von der Bewusstseinsseele ausgeht. Dies bedeutet, dass die ätherische und die astralische Organisation auf die Anwesenheit von Ich-Kraft im Organismus angewiesen sind. Fehlt diese Ich-Wirkung, so saugen der ätherische und astralische Organismus gleichsam Geistselbst-Wirkung aus der alten Engel-Wirksamkeit an. Dieser aber fehlt die Ich-Förmigkeit, diejenige Individualisierung der seelen- und körperwirksamen Kräfte, die beide Organismen heute brauchen. Deshalb wird die alte Kraftwirksamkeit in den seelischen und körperlichen Funktionen zu Problemen führen.

Man kann auch von einer anderen Seite her blicken und

bemerken, dass die Berührungsgrenze des Ich dort spürbar wird, wo sich das Denken und das Lebensgefühl des betreffenden Menschen begegnen. An dieser Stelle wird es zu einer Kraftentfaltung kommen, die sich bis in den Organbereich hinein auswirkt. Wo Denken und Lebensgefühl aufeinandertreffen, da begegnen sich im Ich-Erleben und auf der seelischen Ebene diejenigen Kräfte und Tätigkeiten, die leiblich als Blutgeschehen und Nerventätigkeit auftreten. Es ist durchaus möglich zu bemerken, dass eine Existenzialität des Selbsterlebens immer dort gegeben ist, wo die Berührung beider Seiten spürbar wird. Das kann sich seelisch und geistig vollziehen, wenn ein Bewusstsein für die Zusammengehörigkeit und doch fast immer bestehende Diskrepanz zwischen Urteilsbildung (Denken) und Lebensgefühl möglich wird. Das kann sich aber auch leiblich vollziehen, wenn in einem Organ das Verhältnis von Wahrnehmungsfähigkeit und Lebensfunktion gestört wird. Beispielsweise spricht man davon, dass etwas auf die «Nieren» gehen kann: was die Nieren wahrnehmen, beeinträchtigt ihre (ansonsten unbewusste) Funktion im Lebensprozess. Das Auge, normalerweise eher für den Wahrnehmungsvorgang als für Lebensfunktionen zuständig, kann durch starke Überreizung so beeinträchtigt werden, dass es im Lebenszusammenhang schmerzhaft wirkt; oder es kann durch Lebensfunktionen in der Wahrnehmungstätigkeit gehemmt werden, beispielsweise wenn durch eine Verletzung der eigentliche Sehvorgang gestört wird.

Das Lebensgefühl ist ein letzter seelischer Ausläufer des Blutprozesses im Ich-Bewusstsein; das Denken stellt zunächst den letzten seelischen Ausläufer des Nervenprozesses für das Ich-Bewusstsein dar. Das Lebensgefühl steht für die Seite des Lebens und der Realität, das Denken für die Seite der Subjektivität und des Bewusstseins. Berührungs- und Lebensgrenzen des Ich sind immer dann erreicht, wenn

Sein und Bewusstsein, Leben und Erleben zusammentreffen. Hier ist der Engel präsent, denn hier berühren sich Bild (Bewusstsein) und Kraft (Lebensfunktion). Beides ist, wie oben dargestellt wurde, für den Engel nicht zu trennen, und der Mensch stellt heute in sich die Bedingungen der Geistselbst-Existenz her, wenn er ein Bewusstsein für diesen Berührungspunkt entwickelt. Gleichzeitig entsteht dabei eine Empfindungsfähigkeit für diejenige Wirklichkeit, die in der älteren Überlieferung als «Engel» bezeichnet wurde. Nur darf man sich den Blick für diese Wirklichkeit nicht dadurch verstellen, dass man ihn zu stark von den kulturell geprägten Engelvorstellungen, beispielsweise aus der bildenden Kunst, beeinflussen und engführen lässt.

Es besteht die Gefahr der Vereinseitigung; sie hätte den Effekt, dass der Raum verloren geht, in dem der Engel spürbar wird. Die Überbetonung der Seite des Bewusstseins kann dazu führen, dass die Lebensrealität verloren geht, der Lebensprozess sich vom Selbstbewusstsein abspaltet. Wer sich dagegen stärker allein auf das Lebensgefühl gründet, hält sich zwar im Realen, wird dabei aber auch von gegebenen Voraussetzungen bestimmt, d.h. die Freiheitssphäre des Ich wird problematisch. Die Seele wie der leibliche Organismus sind aber gerade auf Kraftwirkungen angewiesen, die sich aus der Autonomie des menschlichen Ich ergeben. – Es stellt sich die Frage, wie sich der Organprozess und die Bewusstseinstätigkeit vom Ich her integrieren lassen. Beide Seiten befinden sich immer in einer gewissen Spannung; Blutprozess und Nerventätigkeit arbeiten im Organismus in einer ähnlichen Rivalität, wie im Selbsterleben des menschlichen Ich Lebensgefühl und Denkbestimmung kaum dauerhaft als harmonisch erscheinen können.

Nun gibt es die interessante spirituelle Erfahrung, dass ein Resonanzraum für das Sprechen des Engels gerade darin geschaffen wird, dass eine lebendige, wenn auch nicht immer befriedigende Empfindung für den Widerspruch beider Seiten ausgebildet wird. Diese Tatsache ergibt sich aus der Existenzweise des Engels, der beide Seiten in sich verbindet. Der Engel kann dann sprechen, wenn Kraft und Bild, Blut und Nerv, Denken und Lebensgefühl vom Menschen in engelähnlicher Art in Beziehung gesetzt werden. Diese Beziehung wird sich für das menschliche Erleben eher spannungsreich darstellen; aber je weniger das Ich-Gefühl darauf angewiesen ist, die eine oder die andere Seite zu bevorzugen, desto stärker erarbeitet es sich eine Lebensstimmung, die Geistselbst-Charakteristik besitzt und damit der geistigen Existenzform des Engels entspricht.

Die Erkenntnislehre des Mittelalters sprach von einer adaequatio intellectus ad rem, von einer Angleichung oder Anmessung des menschlichen Geistes an den Erkenntnisgegenstand. Diese Bemühung wurde als ein rein geistig auf das Denken bezogener Vorgang erlebt. Auch heute ist eine solche Anmessung an den Erkenntnisgegenstand notwendig; das gilt auch dann, wenn der Erkenntnisbereich ein rein geistiger ist wie der hierarchische Grad des Engels. Jedoch betrifft die adaequatio nicht mehr nur die geistige Tätigkeit, sondern die gesamte Existenzform des Menschen, die durch eine geistige Anmessung gleichsam existenziell ergriffen wird und ebenfalls Geistselbst-Charakteristik erhält. Selbstverständlich war auch die Erkenntnishaltung des Mittelalters davon überzeugt, dass schließlich der gesamte Mensch, wenn Wahrheit ernst genommen wurde, von der Ausrichtung auf die Wahrheit ergriffen und damit verwandelt würde. Dass allerdings bis in die Bereiche der Organbildung und des Blutprozesses hinein die menschliche Organisation auf eine solche Ausrichtung wartet, konnte unter den damaligen Voraussetzungen der Verstandes- oder Gemütsseele noch nicht sichtbar werden.

Deutlich ist allerdings heute wie damals, dass der Engel darauf angewiesen ist, dass die menschliche Bewusstseins- und Seinsentwicklung ihm Angliederungsmöglichkeiten bildet und insofern Resonanzfelder schafft. In einer mittelalterlichen Formulierung: Nur das engelgleiche Bewusstsein erkennt den Engel. Für die Gegenwart wäre hinzuzufügen: Nur die engelgleich gewordene Existenz schafft diejenigen Geisträume, in denen das Wort des Engels überhaupt vernommen werden kann. Würde das Engelwort nicht bis in die gesamte Existenzgestaltung und in den Organbereich hinein vernehmlich werden und wirken, so könnte die Gefahr einer Illusionsbildung entstehen, da Erkenntnis und Erleben allein in sich nicht mehr das Potenzial zur Bewahrheitung des Erkannten oder Erlebten tragen.

Der Engel ist darauf angewiesen und wartet darauf, sich aussprechen zu können. Der Mensch hat die Aufgabe, das Organ zu bilden, mit dem der Engel vernehmbar wird – auch für den Engel selbst. Denn der Resonanzraum ermöglicht nicht allein, dass der Mensch den Engel vernimmt; sondern in diesem menschlichen Hören erreicht auch der Engel eine Selbstwahrnehmung, die ihm nur auf Erden bereitet werden kann. Nur durch den Menschen berührt der Engel die Erdenexistenz direkt, sonst ist er nur mittelbar durch seine Wirkungen mit dem Erdengeschehen verbunden. Indem aber die Geistselbstbildung im Menschen bis in den Organismus hinein Formkraft entfaltet, wird eine ätherisch-physische Existenz von der Geistesausrichtung abhängig. Kommen das entsprechende Selbstbewusstsein und die entsprechende Beobachtungsgabe des Menschen hinzu, so kann der Engel über das menschliche Bewusstsein, das Geistselbst-Fähigkeiten besitzt und damit dem Engel nahe ist, *bewusst* an diesem organisch-irdischen Geschehen teilhaben. Die menschliche Freiheitsentwicklung eröffnet also dem Engel einen

Bereich der Selbstwahrnehmung, den er sonst nicht besitzen würde: Der Engel hört sich nun bis in Bereiche hinein sprechen, deren Resonanzwirkung ihm bislang nicht zugänglich war. Damit tritt in diesem Vorgang auch für den Engel zu einer Kraftwirkung die entsprechende Bewusstseinsfähigkeit hinzu. Der Mensch aber kann sich dabei als dasjenige Wesen erfahren lernen, das nach und nach auch für höhere hierarchische Grade in seinem geistigen Selbstbewusstsein neue Gebiete der Selbstwahrnehmung und Weiterentwicklung schafft.

Das Freiwerden der Kindheitskräfte – zwischen Michael und Christus

Dem Verhältnis von Denken und Lebensgefühl entspricht auch eine Spannung in der Biographie und der seelischen Gestimmtheit des Menschen. Die eigene Kindheit und die Existenzform des Erwachsenen können in einen Widerspruch geraten. Die Erfahrungen und Erlebnisse, vor allem aber das grundsätzliche Lebensgefühl der Kindheit, können als eine Gestimmtheit der Seele in das Erwachsenenalter eingehen. Andererseits erfordert das Erwachsenenleben eine nüchterne, nicht sentimentale Urteilsbildung und Handlungsfähigkeit, der oftmals die Unmittelbarkeit und menschliche Offenheit aus der kindlichen Erfahrung fehlen. Es ist deutlich, dass das Lebensgefühl und die Existenzform der Kindheit nicht über die Jugend hinaus in das Erwachsenenalter fortgesetzt werden können; auf der anderen Seite verarmt die Welt der Erwachsenen, wenn die Merkmale des eigenen Kindseins in ihr nicht anzutreffen sind. Dass diese Spannungssituation oft leidvoll empfunden wird, ist an den Gefühlen abzulesen, die Erwachsene Kindern entgegenbringen können, ohne dass die begleitende

Gestimmtheit auch in den zwischenmenschlichen Kontakt mit der Erwachsenenumwelt einfließen könnte.

Das Erwachsenenleben steht zunehmend unter der Forderung, eine Rationalität und Objektivität im Blick auf die Welt, auf berufliche Anforderungen und andere Menschen auszubilden. Dabei müssen die eigenen Ausgangspunkte, subjektive Perspektiven im Urteil und in der Stimmung, manchmal sogar eigene Erfahrungsgrundlagen außer Betracht bleiben. Diese Entwicklung birgt die Gefahr einer zunehmenden Entmenschlichung; sie zeigt aber auch an, dass die Menschheit insgesamt «erwachsener» und urteilsfähiger wird. Positiv gewendet sieht sich der Einzelne der Aufgabe gegenüber – aus einer wachen Weltsicht und auch innerer Kompetenz heraus Entscheidungen zur individuellen Lebenssituation zu treffen – ohne die älteren Abstützungen und Einbindungen in berufliche, familiale, soziale Traditionen. Der Verlust all dieser Umgebungen signalisiert allerdings auch die immer weiteren Entfernungen von den Lebensbedingungen des Kindes, das sich nur entwickeln kann, wenn eine Verlässlichkeit hinsichtlich bestimmter Umgebungsbedingungen gegeben ist. – So entsteht eine Spannung zwischen dem Lebensgefühl der Kindheit und der Anforderung des Erwachsenenlebens, die eigene Existenz weitgehend auf Fähigkeiten in Urteilsbildung und Gedankenklarheit zu stellen. Hinzu kommt, dass die eigenen Ideale, die Motive der persönlichen Lebensgestaltung mit dem Lebensgefühl der Kindheit in Verbindung stehen, während die Rationalität des Erwachsenenlebens in einer gewissen Kälte den Verzicht auf individuelle Lebensvoraussetzungen immer stärker zu erfordern scheint.

Der ältere Begriff des Schutzengels umfasste den Lebensbogen der eigenen Kindheitsentwicklung von Geburt an bis zu dem jeweils gegenwärtig erreichten Punkt der Erwachsenenexistenz. Die dargestellte Doppelgesichtigkeit des

Engels kann auch im Hinblick auf seine biographische Aufgabenstellung beschrieben werden: Er blickt einerseits auf die Lebensmotive in der Kindheit, auf den Inkarnationswillen, der sich außer in dem kindlichen Lebensgefühl auch in der gesamten Leibesentwicklung dieser Zeit äußert. Andererseits blickt der Engel auf die weitere Biographie, die ihren Kulminationspunkt in der jeweils erreichten Gegenwart besitzt; der Spannungsbogen und vielleicht auch die Widersprüchlichkeit zwischen dem Ausgangspunkt und der jeweils erreichten Endsituation wird also immer größer.

Der Schicksalsverlauf, der früher in der Zuständigkeit des Schutzengels gesehen wurde, spannt sich zwischen diesen beiden Polen aus, es kann allerdings auch die Gefahr entstehen, dass er zwischen ihnen geradezu zerrissen wird. Dann wird wehmutsvoll auf die eigene Kinderzeit zurückgeblickt, während das gegenwärtige Erwachsenenleben ganz anderen Gesetzmäßigkeiten folgt. Daneben besteht auch die Gefahr, dass Orientierungsgrößen der eigenen kindlichen Vergangenheit so mit in die Erwachsenenbiographie verschleppt werden, dass hier die Ausbildung von Ich-Autonomie erschwert wird. Andererseits kann es geschehen, dass die Erinnerung an die eigene Kindheit wie ausgelöscht wird: entweder um sie zu vergessen, weil die damaligen Erfahrungen unheilvoll waren; oder aber um nicht weiter daran leiden zu müssen, dass die gegenwärtige Lebenspraxis den Idealen und Gefühlen der eigenen kindlichen Vergangenheit widerspricht. Übrigens weist auch die verzweifelte Erinnerung an die eigene Kindheit darauf hin, dass es sich um die Zeit einer tief persönlichen Unmittelbarkeit, Idealbildung und Gestimmtheit handelt, die aber von widrigen Lebensumständen getrübt wurde. Gerade die Intensität kindlicher Erfahrung vertieft noch das Leid an Lebensbedingungen, die dieser Intensität nicht gerecht werden können.

Fast scheint der Engel heute darauf angewiesen zu sein, den Menschen folgendermaßen anzusprechen: Verbinde das Lebensgefühl deiner Kindheit mit der Spitze der Intellektualitätsentwicklung, die du in der Gegenwart erreicht hast. Bilde eine Grundstimmung deiner gegenwärtigen Existenz aus, in der sich die Erfordernisse des Erwachsenseins (und damit der Freiheit) mit der Lebensintensität der Kindheit vereinigen können. – Damit erst wird jener Individualitätspunkt erreicht, für den der Engel als Geistselbst-Wesen steht. Denn die Ich-Individualität lebt sowohl in dem Lebensgefühl der Kindheit als auch in der nüchternen Autonomie erwachsener Urteilsbildung. Nach beiden Seiten hin besteht die Gefahr der Vereinseitigung. Die Rationalität des Erwachsenenseins kann die Gefühlsstimmung der Kindheit verlieren und damit unmenschlich abstrakt werden; eine solche Lebenshaltung intellektualisiert den Engel. Im Kindheitserleben stehen bleiben zu wollen wäre sentimental und vergangenheitsbezogen; der Engel könnte die Freiheitssphäre des Ich nicht erreichen und bliebe in den seelischen und leiblichen Blutszusammenhang der Kindheit eingebunden. In diesem Blutszusammenhang vollzieht sich im Erbstrom die organische Entwicklung des Kindes, und die seelische Innensituation der Kindheit ist sehr weit gehend von der leiblichen Entwicklung mitgeprägt. Das Lebensgefühl der Kindheit steht für den Wirklichkeitsaspekt des Seins, der sich auch in der Organentwicklung äußert; außerdem umfasst sie die ursprüngliche Lebensintention des betreffenden Menschen. Diese Lebensintention wird durch die Geburt und in der Leibesentwicklung wirklich, sie lebt als Stimmung in der kindlichen Seelenhaltung, und sie wartet darauf, in Freiheit durch die Lebensziele des Erwachsenen realisiert zu werden.

So liegt in dem Spannungsbogen, in dem der Engel in seiner «alten» Schutzengelfunktion existiert, der eigentliche

Quellpunkt menschlicher Individualität. Das gegenwärtige Ich hat einen Vergangenheitsbezug, aber im Lebendigen, in den Entwicklungsmotiven der eigenen Kindheit. Durch diesen Vergangenheitsbezug erhält die seelisch-geistige Ich-Entwicklung eine Realitätsgrundlage, auch in der eigenen Organsituation. Im Sinne des Heilpädagogischen Kurses Rudolf Steiners (1924) muss die Leibesentwicklung unter dem Gesichtspunkt betrachtet werden, dass das Ich sich vorgeburtlich, embryonal und in der Kindheit in dem eigenen Organismus selbst die Voraussetzungen seiner Erdenexistenz schafft.

Andererseits besitzen das kindliche Ich, seine seelische Erlebnisdimension und seine leibliche Ausprägung dadurch eine Zukunftsdimension. Die Kindheit geht nicht in dem auf, was sie als vergangene Lebensspanne war, sie ist nicht mit dem Übergang zur Jugend und zum Erwachsenenalter abgeschlossen. Sondern sie ist ausgerichtet auf die freie Ich-Entfaltung durch die Möglichkeiten der Erwachsenenautonomie des Denkens, der Urteilsbildung, der Lebensgestaltung. Was die eigene Kindheit war oder ist, zeigt sich somit umfassend erst in ihrer Zukunft, in der Erwachsenenbiographie. Darum gilt auch, dass die Kindheit und einzelne ihrer Erfahrungen vollständig erst qualifiziert und beurteilt werden können, wenn der Bogen zum Erwachsenensein gespannt ist. Dies ist aber nicht ein für allemal möglich, sondern immer wieder neu in jedem Schritt der erwachsenen Lebensentwicklung; damit wird die Kindheit bis zum Lebensende des betreffenden Menschen zukunftsoffen. Sie verliert die ihr eigene Bedeutung, die ihr bekanntlich beispielsweise in der Psychoanalyse zugemessen wird, in dieser Perspektive nicht; aber die prägende Wirkung liegt nicht in ihr selbst als Vergangenheit der Erwachsenenbiographie, sondern ist von Letzterer her immer wieder neu zu erschließen. Was die Kindheit war, was einzelne ihrer Erlebnisse bedeuten, wie die mit ihr verbundenen Menschen einzuschätzen sind, zeigt sich im Jetzt. Das Jetzt qualifiziert die Kindheit und die Kindheit kann, wenn sie als Lebensgefühl zugänglich bleibt oder gemacht wird, die Gegenwart mit demjenigen Zauber überziehen, der die Kindheit ausmacht. Oder wenn dieser Zauber sich in der Kindheit nicht einlösen konnte, nicht erlebbar war, dann kann er im Erwachsensein freigelegt und «nachgeholt» werden.

Es bleibt die Frage zu klären, wie das Lebensgefühl der Kindheit zugänglich werden kann. Dabei ist zunächst wichtig zu betonen, dass es sich nicht um ein Erleben oder ein Bewusstsein handelt, das rein aus der Erinnerungstätigkeit heraus wiedergefunden werden kann. Es ist sogar möglich, dass die Erinnerung an einzelne Kindheitserlebnisse die Wahrnehmung des Lebensgefühls der Kindheit erschweren kann. Dieses Lebensgefühl existiert in der Zusammenhänglichkeit des Kindseins, ein Zusammenhang aber kann nicht erinnert werden, weil er nicht die Addition erinnerbarer Einzelerlebnisse darstellt. An dieser Stelle zeigt sich ein Paradoxon der individuellen Lebensentwicklung, das aber zugleich verständlicher machen kann, was der Engel in der ihm eigenen Existenzform ist.

Bewusstsein und Sensibilität für das Lebensgefühl der eigenen Kindheit können in dem Maße entstehen, in dem es gelingt, im Denken (Intellektualität), in der Urteilsbildung und in Lebensentscheidungen die Dimensionen des Erwachsenen-Ich zu erarbeiten. Je mehr ich mich willentlich in die Lage versetze, den gerade möglichen Gipfelpunkt in Denken und Urteilsbildung zu erreichen, desto mehr sensibilisiere ich mich dafür, mir das Lebensgefühl und damit die Lebensmotivation der eigenen Kindheit aufzuschließen. Es kann sogar sein, dass diese Intention der Kindheit durch das damalige Lebensgefühl gar nicht durchscheinen konnte, dass ich erst jetzt allmählich mich in die Lage versetze, diese Lebensintensität freizulegen und empfinden zu können. Umgekehrt bietet die Sensibilität für das Lebensgefühl der Kindheit die Gewähr, dass das Erwachsensein nicht in der Kälte der Rationalität erstarrt oder die eigenen menschlichen Lebensgrundlagen verliert. Zugespitzt, aber sachlich angemessen könnte man formulieren: Die willentliche Intensität der geistigen Entwicklung und Freiheit im Erwachsenenalter wird zum Wahrnehmungsorgan für diejenige Existenzintention, die in der Kindheit den Organprozess und die seelische Erlebnissituation geprägt hat; umgekehrt bildet sich in dem Erspüren des eigenen kindlichen Lebensgefühls allmählich eine menschliche Realitätsgrundlage für die seelische und geistige, aber auch soziale Selbstentwicklung im Erwachsenenalter.

Fehlt ein solcher Entwicklungsimpuls im Erwachsenenalter, so könnte nachträglich die eigene Kindheit gefährdet werden, indem die sie prägende Lebensintention (die nur teilweise seelisch während der Kindheit und später erlebt werden konnte) nicht bewusstseinsfähig wird oder verloren geht. In dem geschilderten Spannungsbogen, der in früheren Epochen in dem Bild des Schutzengels erlebt wurde, liegt auch ein Weg zum Verständnis dessen, was Kindheit eigentlich bedeutet. Wird die Kindheit nur in sich selbst betrachtet, so bleibt der Bezug zu ihr leicht sentimental, nicht «erwachsenenfähig». Werden die Erfordernisse der Erwachsenenexistenz zum Kriterium der Betrachtung der Kindheit, so geht diese und damit die Grundlage der Menschlichkeit verloren. Werden beispielsweise die Kindergartenerziehung und die Schulpädagogik der ersten Klassen an den Erfordernissen der Erwachsenenwelt gemessen, so können entsprechende Gestaltungen die Ausprägung des kindlichen Lebensgefühls verhindern. Ein Verständnis des Kindes kann nicht allein dadurch entstehen, dass sich der Erwachsene in das Kind hineinversetzt; vielmehr kann aus dem Selbsterleben in dem gemeinten Spannungsbogen, an dem Berührungspunkt von erwachsener Selbstentwicklung und kindlichem Lebensgefühl, eine Erlebnisperspektive auf das Kind entstehen, das eine umfassende Empathie (und auch Sympathie) erst möglich macht.

Der Engel spricht diesen Zusammenhang leise aus. Verstehen kann ihn nur, wer in die eigene Seelenorganisation aufmerksam hineinhören kann, wer gleichzeitig sich um die Weiterentwicklung des geistigen Horizontes bemüht. Dies ist nicht als ein geisteswissenschaftlicher Anspruch, sondern nur als vollständig individuelle Lebensanforderung zu begreifen. Es handelt sich um eine persönliche Ich-Vertiefung durch eine Besinnung auf die Ausgangsmotive der eigenen Existenz, die im Letzten noch weit vor die ersten Kindheitserinnerungen und vor die Geburt zurückreichen. Damit entsteht kein «inhaltliches» Bewusstsein dieser Existenzlagen, es wird nichts Bestimmtes «erinnert». Aber es entsteht eine Sensibilität für eine Lebensstimmung, die in ihrer Gefühlshaftigkeit diese letztlich vorgeburtlichen Motive der Individualität für die kommende Erdenexistenz anschaubar machen kann. Zugleich entsteht eine Atmosphäre der Zukunftsbezogenheit des persönlichen Seins. Über Erkenntnisse zur Bedeutung der Kindheit hinaus zeigen sich Lebensbezüge, die die Zukunftsoffenheit von Kindheitserlebnissen aufscheinen lassen: Was aus der Kindheit wird, zeigt sich erst, wenn der Gesamtzusammenhang in der jeweiligen Gegenwart sich herstellt – ihn zu bilden, daran bin ich aber selbst in jedem Moment beteiligt.

Wenn es in diesem Jetzt noch nicht möglich ist, den Bogen in befriedigender Weise zu schlagen, so gibt es immer ein nächstes Jetzt, also eine Zukunftsbezogenheit auch aus der gegenwärtigen Erwachsenenexistenz heraus. Der Bogen schließt sich erst am Ende des Erdenlebens, und erst dann ist das Lebensgefühl, sind Einzelerlebnisse der Kindheit endgültig zu überblicken. Es ist durchaus möglich, dass Eindrücke der Kindheit sich noch im 30. Lebensjahr völlig anders darstellen als 10 oder 20 Jahre später, dass Zusammenhänge, Sinnbezüge und Entwicklungsmotive sich erst nach Jahrzehnten herausschälen. Gerade auch problematische Kindheitsreminiszenzen brauchen Zeit, brauchen vor allem die Arbeit an der *gegenwärtigen* seelisch-geistigen Entwicklung, um sich in all ihren Dimensionen zeigen und lösen zu können. – Auch hier wird deutlich, dass eine zeitgemäße Begegnung mit dem Engel in einem Hinhören auf dessen persönliche Anrede besteht, aber nicht im Sinne einer Objekt-Subjekt-Beziehung, sondern wie eine Wesensbegegnung im Ich. Der Engel erscheint mir nicht als «Engel», sondern indem ich die Kraft zur Vertiefung der eigenen Existenz erfahre, die in der Verbindung des Lebensgefühls der Kindheit mit dem mir jetzt möglichen «Gipfelpunkt» eigener geistiger Entwicklung gegeben ist.

Hier ergibt sich auch ein Ausblick auf einen weiteren hierarchischen Zusammenhang. Was der Engel zum Menschen spricht, ist eine sehr persönliche Anrede, von der frühen Kindheit bis zum gegenwärtigen Lebensaugenblick die gesamte Biographie umgreifend – und damit auch das Erleben der eigenen Individualität letztlich begründend. Der Mensch könnte keinen weiterreichenden geistigen Horizont ausbilden und müsste als geistiges Wesen auf sich selbst bezogen bleiben, wenn sich nicht mit der Anrede des Engels eine hierarchisch höhere Ansprache verbinden würde. Zudem ergibt sich aus der Anrede des Engels eine gewisse Betonung der eigenen Vergangenheit im Selbsterleben des Menschen; so besteht latent die Gefahr, den gegenwärtigen Lebensaugenblick so zu empfinden, als ginge er aus den früheren Lebenstatsachen hervor. Daraus aber könnte es schwierig werden, sich selbst als freie Persönlichkeit wahrnehmen zu können – das Ich-Erleben bliebe zu sehr mit der eigenen Vergangenheit verbunden und könnte deshalb im Bewusstsein keinen ausgeprägten Bezug auf die Zukunft ausbilden. Diese Gefahr ist in der Tat im Selbsterleben des Menschen kaum zu verleugnen, und auch die Psychologie (einschließlich der Psychotherapie und Psychiatrie) des 20. Jahrhunderts zeugt von einer solchen Gewichtung.

Demgegenüber betont der Erzengel Michael die Gegenwart. Was er zum Menschen spricht, hat einen anderen Klang als die Anrede des Engels, berührt den Menschen auch seelisch in anderer Art. Interessanterweise fühlt sich der Mensch nicht so stark im Seeleninnern, nicht so persönlich angesprochen. Obwohl aus Michael eine karmisch und menschheitlich größere Dimension geistig spricht als aus dem Engel, bleibt seine Anrede für das menschliche Erleben zunächst mehr an der Oberfläche. Es stellt sich zunächst als die Empfindung dar «Ich lebe jetzt» und damit als eine gewisse Abgrenzung gegenüber der eigenen Vergangenheit. Insofern kann das Verhältnis Michaels zum Menschen auch als eine gewisse Emanzipation gegenüber der eigenen Biographie erscheinen, obwohl Michael mit den geistigen Kräften der menschheitlichen Vergangenheit und des vergangenen Kosmos verbunden bleibt.[34] Damit wirkt Michael in einer Vertiefung des Ich-Erlebens der freien Persönlichkeit. Die gegenwärtige Kultur sucht ein solches Selbsterleben, allerdings bestehen Schwierigkeiten, es mit der geistigen Wesenheit des Menschen zu verbinden. Deshalb dominieren psychologische Überlegungen und zivilisatorische Lebensanreize, die die *seelische* Freiheit der eigenständigen Persönlichkeit betonen oder auch problematisieren.

Die Anrede Michaels schlägt allerdings einen sehr viel

weiteren Bogen in die Vergangenheit als der Engel. Nur vollzieht sich die Ansprache in der Weise, dass das Empfinden für die Gegenwart verstärkt wird, aber in einer Art Erinnerung an die Ursprungskräfte der menschlichen Individualität. Diese Erinnerung ist in den Worten, die Michael an den Menschen richtet, enthalten, bleibt aber meist dem Bewusstsein verborgen. Denn Michael spricht zum Menschen: «Unterschätze und missachte nicht deine Fähigkeit zur Intellektualität, denn hier liegt der Ursprungsort deiner Individualität.» Michael ist mit dem menschlichen Denken verbunden. Dieses Denken erscheint heute im Kleid der Intellektualität, aber mit einer Offenheit für geistige Zusammenhänge. Das intellektuelle Denken öffnet sich dann dem Geist, wenn es selbst in der Lage ist, Erkenntniszusammenhänge zu bilden, die der Wahrnehmung oder dem rein seelischen Erleben nicht zugänglich wären, also nur über das Denken zu erreichen sind. Die Ansprache Michaels macht deutlich, dass der Mensch als denkendes Wesen frei ist und im Denken einen (zunächst unbewussten) Zugang zu dem Quellort und ursprünglichen Motiv seiner individuellen Entwicklung finden kann. Dieses Motiv liegt viel weiter zurück als die Intention, an die der Engel den Menschen erinnert. Während die Intention, von der der Engel spricht, das Motiv für die gegenwärtige Inkarnation und damit das Lebensgefühl der Kindheit beinhaltet, lässt Michael indirekt den karmischen Entwicklungsweg des Menschen aus der Einbindung in den Geist des Kosmos zur individuellen geistigen Freiheit anklingen.

Auch die Worte Michaels drängen sich ähnlich wie diejenigen des Engels nicht auf; sie sind eher noch leiser zu vernehmen und durchaus eingebunden in die Skepsis und Distanz, die sich gerade in den seelischen Innenbezirken gegenüber der Intellektualität zeigt. Diese Skepsis speist sich nämlich aus einer Erfahrung des Intellektuellen, die

Intellektualität nicht mit der Individualität zu verbinden weiß. Die Intellektualität erscheint dann als kalt und unpersönlich, der individuellen Erfahrung gerade nicht angemessen. Dieses Erleben erschwert die Wahrnehmung dessen, was Michael zum Menschen spricht. Denn tatsächlich emanzipiert Michael den Menschen in gewisser Hinsicht gegenüber der eigenen seelischen Innerlichkeit und Vergangenheit; ein solcher Distanzierungsversuch kann aber in aller Regel nicht als sympathisch empfunden werden, und es regen sich zunächst Antipathiekräfte. Diese können verhindern, dass die Intellektualität, das Denken, das Michael meint, eine tiefere und noch ursprünglichere Verbindung zur Ich-Individualität besitzt als das Selbsterleben der jetzigen Inkarnation.

Michael spricht die Fähigkeit des Menschen an, durch Denken Zusammenhänge zu bilden und zur Wahrheit zu gelangen. Darin zeigt sich eine Urkraft und auch eine Urtätigkeit der Individualität, die von Anfang an mit der Ich-Entwicklung verbunden sind. Michael ermuntert den Menschen, sich nicht von der kalten Erscheinungsweise der Intellektualität abschrecken zu lassen und sie aus ihrer abstrakten Verzauberung zu erlösen. Die Entzauberung des Denkens kann dem Menschen zeigen, dass er im Denken zum freien Wesen wird und damit die Eigenständigkeit einlöst, die den Ursprungsimpuls seiner Individualentwicklung bildet.

Damit befreit sich der Mensch zugleich von seiner Vergangenheit, von Entwicklungsphasen, die dem Ziel der Freiheit dienten, diese aber noch nicht einlösen konnten. Michael weist darauf hin, dass durch das Vertrauen zum Denken und entsprechende Erfahrungen Kräfte erweckt werden können, aus denen sich Veränderungen für den Lebensverlauf und die zukünftige Entwicklung ergeben. Darüber hinaus kann aus dem Erwachen im Denken auch eine rückwirkende Entzauberung und Einlösung der eigenen Vergangenheit hervorgehen. Selbst problematische Erfahrungen in der Biographie können sich erhellen und in ihrer seelischen Negativwirksamkeit aufgelöst werden, ihre Bedeutung für Gegenwart und Zukunft jetzt offenlegen. Die Autonomie im Denken, also in der eigenständigen Urteilsbildung, stellt den Menschen verändert in seine gesamte Vergangenheit hinein und bietet Angliederungspunkte für gesundende Kräfte in Seele und Leib. Im Denken wird die Individualität bewusst Herr im eigenen Haus und beginnt, die Wirklichkeit von Seele und Leib zu bestimmen. Es wird in die Bewusstheit des Selbsterlebens übernommen, was vorher untergründig durch eher instinktive Individualkräfte gewirkt hat.

So wird auch ein neuer Blick auf die *Christus-Wirksamkeit* möglich. Michael hilft hier, eine gewisse Hemmung zu überwinden. Sie besteht darin, die Konsequenzen der eigenen Urteilsbildung, die Ergebnisse des eigenen Denkens auch ernst zu nehmen. Denn diese drängen sich nicht auf, sie erscheinen eher als zur Oberfläche des Lebens gehörig, stellen sich als seelisch zunächst wenig intensiv wirkend dar. Damit geben sie aber auch ihre Freiheitscharakteristik zu erkennen. Allerdings besteht so ständig die Gefahr, die Grundlagen der eigenen Individualität im Denken schließlich doch nicht ernst zu nehmen, die eigentlich notwendigen Konsequenzen nicht zu verwirklichen.

Eine neue Beziehung zu Christus kann auf der Grundlage der Beziehung zu Michael entstehen. Dann kann für denjenigen, der Michael vernimmt, Christus sprechen: «Ertrage die Konsequenzen deiner eigenen Urteilsbildung; realisiere die Folgerungen, die sich aus deinem eigenen Denken ergeben.» Die Ergebnisse des eigenen Urteils stehen oft im Widerspruch zur «Wirklichkeit». Das Denken verschwindet gegenüber der «Realität» wie in einem

Abgrund, es wird behandelt, als würde es selbst keine Wirklichkeit besitzen. Dabei wird nicht beachtet, dass das Denken nur dann wirklich wird, wenn es der Mensch ernst nimmt und es in seinem Willen zu Konsequenzen realisiert.

Der Mensch kann nur dann in den Bereich der Hierarchien aufrücken, sich selbst in Freiheit als geistiges Wesen in den Kosmos erheben, wenn er die eigene Geistestätigkeit zur Lebensgrundlage macht. Dieses Verhalten, diese Grundhaltung sind Ausdruck des Geistselbst und damit Fähigkeiten auf der geistigen Ebene des Engels. Zu diesen Fähigkeiten gehört auch, die Einsicht in das Ungenügende des eigenen Denkens zu ertragen, die Bewusstheit des eigenen Irrtums auszuhalten. Nur der eingesehene Irrtum kann korrigiert und damit zum Ausgangspunkt der Wahrheitseinsicht werden. Damit weist Christus den Menschen auf die innere Kraft seiner Intellektualität; er legt den Finger auf denjenigen inneren Punkt, an dem das Denken existenziell wird. Dies ist bezeichnenderweise ein Ort außerordentlicher Verwundbarkeit und Verunsicherung, eine geistige Dynamik, die die seelische Intensität sonstiger Schicksalsereignisse übertreffen kann. Das Verhältnis zur eigenen Urteilsbildung wird damit zur eigentlichen Schicksalsmacht, bleibt aber ganz in die Freiheit des Menschen gestellt. Gerade deshalb wird es in seiner Bedeutung für alle Zukunftsgestaltung leicht unterschätzt.

In der Anrede des Christus wird auch deutlich, dass die Zukunft der irdischen und kosmischen Entwicklung jetzt in der Ich-Individualität veranlagt wird. Zukunft ist damit nicht mehr Schicksalswirkung, sondern Freiheitseffekt. Indem das Ich für sich selbst als denkendes Wesen erwacht und die Wirklichkeitsbedeutung dieses Vorgangs spürt, kommt es zu einer Integration von Ich und Welt. Das Ich, das sich zunächst zum Zweck der Individuation aus der Welt herausgelöst hat, wird zum entscheidenden Entwicklungsfaktor für deren Zukunft. Das Ich entwickelt ein entsprechendes Selbstbewusstsein, das sich nicht durch Abgrenzung von der Umgebung erhält, sondern gerade durch die Einsicht in die Bedeutung der Individualität für die Zukunft der Welt. Es entstehen so Entwicklungsrichtungen und Kraftwirkungen, die ohne die entsprechende Freiheitsentscheidung des Menschen nicht in der Welt sein könnten.

Damit sind die Pole, die Christus in demjenigen umspannt, was er zum Menschen spricht, noch weiter voneinander entfernt als diejenigen in der Ansprache Michaels. In der Anrede des Engels gilt es, die Spannung zwischen dem eigenen Kindheitserleben und der Höhe gegenwärtig erreichter Urteilsfähigkeit herzustellen und auszuhalten; Michael verbindet meine gegenwärtige Denkkraft mit noch weiter zurückliegenden Ausgangspunkten der Individualitätsentwicklung und umspannt somit den gesamten Entwicklungsweg des Ich; Christus geht aus von der Zukunft des menschlichen Denkens, von dessen Konsequenzen und Wirkungen und knüpft daran die Überführung der gesamten alten Weltentwicklung in die Zukunft des freiheitlich gegründeten Kosmos.

Das Risiko nimmt von Stufe zu Stufe zu: Der Engel berührt das Existenzrisiko des Ich zwischen seelisch und leiblich tragenden Kindheitskräften und erwachsener Freiheit; Michael muss das Risiko eingehen, das sich daraus ergibt, dass der Mensch sich vollständig auf die (noch längst nicht weit entwickelten) Denkkräfte stützt. Christus weist darauf hin, welche Folgen entstehen, wenn der Mensch die Ergebnisse seiner Urteilsbildung existenziell ernst nimmt; dieser Ich-Punkt wird zum Risiko der zukünftigen Welt. Es ist nichts schwerer zu ertragen als die Diskrepanz, die sich bei bewusstem Hinsehen zwischen eigenen Einsichten und Lebensrealität ergeben. Und trotzdem liegt in diesem Ertragen eine geistig-seelische Intensitätsgrundlage des eigenen Seins und der Ausgangspunkt für eine neue Erfüllung der Welt. Christus erfüllt mit innerer und äußerer Intensität und Wirkung die Kräfte der menschlichen Intellektualität, wie sie von Michael vermittelt werden. Der Engel schließlich gründet die eigenen Intellektualitätskräfte des Menschen in dessen Individualität durch ihre Verankerung im persönlichen Lebenslauf.

Der Engel steht für die *Individualität*, die sich im Lebenslauf aus der Perspektive des Geistselbst zeigt; Michael versieht die individuelle *Intellektualität* mit denjenigen Kräften, die sie von jeher mit der geistigen Welt verbinden; Christus verleiht den Intellektualkräften diejenige *Intensität*, die sie benötigen, um zur weiteren Entwicklungsgrundlage des Ich und der Zukunftswelt zu werden.

Die Bewusstlosigkeit des Engels und die Elemente

Der Mensch erwacht geistig, wenn er sich seine neue Beziehung zum Engel verdeutlicht. Dieses geistige Erwachen bedeutet aber nicht allein einen geistigen Fortschritt, sondern in erster Linie eine Fortentwicklung des gesamten Lebensgefühls. Es ist eine Entwicklungsepoche erreicht, in der der Mensch das Lebensgefühl als Grundlage seiner seelischen Existenz, aber auch als Kraftquelle des Leibesorganismus nicht mehr selbstverständlich karmisch mitbringt oder von den Hierarchien zur Verfügung erhält. Die frei entwickelte Beziehung zum Geist, der man eine so weitreichende Wirkung zunächst gar nicht zutraut, greift schaffend in den ganzen Lebenszusammenhang ein. Der Mensch wird auf diese Weise zum Mitschaffenden seiner eigenen Existenz, indem immer mehr Entwicklungsgrundlagen, die früher durch karmischen Instinkt vermittelt wurden, aus

Bewusstseinskräften hervorgebracht werden müssen. Damit aber werden diese Entwicklungsgrundlagen selbst verwandelt, und es treten für den Menschen Entwicklungsbedingungen ein, die nicht mehr aus Erfahrungen der Vergangenheit, sondern nur durch Eintritt in den neuen Bereich allmählich beschrieben werden können.

Entsprechendes gilt auch für den Engel, allerdings mit einem entscheidenden Unterschied: Was der Mensch sich als Bewusstseinszuwachs erwerben kann, droht für den Engel ein Weg in die geistige Bewusstlosigkeit zu werden. Der Engel ist immer mehr darauf angewiesen, durch den Menschen ein neues geistiges Bewusstsein zu entwickeln. Das Selbst- und Weltbewusstsein des Engels wird nach und nach zu einer Resonanzwirkung derjenigen geistigen Kräfte, die vom Menschen ausgehen und im Bereich der dritten Hierarchie wahrnehmbar werden. Der Engel nimmt diejenigen geistigen Wirkungen auf, die er am Menschen bemerken kann; nichtgeistige Wirkungen des Menschen sind für ihn bedeutungslos oder – in durchaus gefährlicher Weise – schädlich. Nun beschränkt sich der Engel aber nicht darauf, die geistigen Wirkungen des Menschen in seinem eigenen Bewusstsein widerzuspiegeln. Es kommt vielmehr in der geistigen Sphäre des Engels zu einem neuen Kraftschluss, der seinerseits auf den Menschen zurückwirkt.

Der Engel benötigt bestimmte Begriffe, die ihm als geistige Wahrnehmungen der Welt auch zur Grundlage seiner eigenen Selbsterkenntnis werden. Da für den Engel Weltbewusstsein und Selbstbewusstsein in der mehrfach beschriebenen Weise untrennbar zusammengehören, ist er auf Eindrücke aus der Welt (beispielsweise dem Naturzusammenhang) angewiesen, um in seiner Erfüllung durch sie nicht nur einen äußeren Inhalt, sondern auch eine Selbsterfüllung erleben zu können. Die Begriffe, die der Engel aufnehmen möchte, entstammen den im Denken bewusst gewordenen und begriffenen Lebenserfahrungen des Menschen. Diese Lebenserfahrungen umfassen Wirkungen und Entwicklungsschritte der menschlichen Biographie, Erkenntnisergebnisse im Umgang mit Wahrheitsfragen, aber auch im Erkennen durchleuchtete Naturerfahrung. Sie sind dem Engel zugänglich, soweit sie ein Kriterium der Geistselbst-Existenz erfüllen, nämlich zu Verwandlungen im Menschen führen, also nicht an der Bewusstseins- oder Bildungsoberfläche verbleiben.

Diese Veränderungen des Menschen durch Erkenntnis betreffen Seelenhaltungen, die mit einem aristotelischen Begriff aus dem Mittelalter auch als Habitus bezeichnet werden können. Habituell werden diejenigen geistigen Wirkungen, die vom menschlichen Ich mit einer solchen Intensität aufgenommen werden, dass sie verwandelnde Kraftwirkungen in Seele und Leib ausstrahlen. An einem Denken von Zusammenhängen, an Erkenntnisinhalten, die eine solche Qualität besitzen, kann der Engel Anteil gewinnen, denn das Kennzeichen der «Engelfähigkeit» von Erkenntnissen bildet nicht deren «Höhe» oder «Tiefe», sondern ihre Bedeutung im Lebensgefüge des menschlichen Ich.

In älteren Entwicklungsepochen war der Engel selbst noch im Menschen präsent, um die angedeuteten Prozesse zu vollziehen. Im weiteren Entwicklungsgang hat er sich, auch um Freiheit zu ermöglichen, aus diesen Aufgaben im Menschen zurückgezogen; deshalb ist er nun darauf angewiesen, die Eindrücke, die er früher selbst im Menschen und dadurch in der Welt gewinnen konnte, in Vermittlung durch den Menschen zu erhalten. Es ist aber auch möglich, dass vom Menschen Wirkungen mit der angedeuteten Geistselbst-Charakteristik ausgehen, die nicht im eigentlichen Sinne menschlich sind. Es gibt geistige Wirkungen auf das Lebensgefüge von Seele und Leib, die vom Menschen zwar ausgelöst, aber nicht wirklich von ihm hervorgebracht sind. Dabei handelt es sich um geistige Ersatzformen, Ich-Kraft gleichsam imitierend, in Wahrheit aber unterdrückend. Man kann sich beispielsweise vorstellen, dass eine bestimmte Denkart, die der Mensch aus Kultur und Wissenschaft übernimmt, allmählich zu einer seelischen und auch körperlichen Lebensgrundlage wird und in dasjenige Vakuum einzieht, das aus dem Verlust der alten tragenden Kräfte entstanden ist. Dieses Problem wird besonders virulent, wenn etwa Kinder zivilisatorisch übernommene, aber letztlich krankmachende Kräfte in den Organismus senden, die sich dort in dem Sinne habitualisieren, dass sie formend zunächst auf das seelische Erleben und von dort aus auch auf einzelne Organe wirken. In der Bedeutung solcher Impulse für den seelischen und leiblichen Organismus gewinnen sie eine Pseudo-Geistselbst-Charakteristik, die ihrerseits auf den Engel ausstrahlt.

Auch hier kommt es dann zu einer Kraftverstärkung im Engel, ähnlich wie die Rollbewegung eines Balles durch eine erneute Krafteinwirkung verstärkt und zugleich auch abgelenkt werden kann. Nur dass dieser erneute Kraftschluss vom Engel dann nicht an höhere hierarchische Grade weitergegeben werden kann, wenn der vom Menschen ausgehende Impuls nicht mit der beschriebenen Intensität der Ich-Erfahrung in Zusammenhang steht. Dann ist der Engel gezwungen, die entsprechende Wirkung verstärkt in sich zu spüren und an den Menschen zurückzugeben. Die Kraft, mit der der Ball noch einmal angestoßen wurde, ist nicht mehr zurückzunehmen; sie kann nur weitergeleitet, abgeleitet oder durch eine entsprechend starke Gegenkraft gebremst werden. Bewusstseinsfördernd für den Engel sind aber nur diejenigen geistigen Kraftwirkungen, die aus dem Lebensgefühl des menschlichen Ich für den Engel so wahrnehmbar werden, dass er sie an höhere hierarchische Grade weitergeben kann. Beim Menschen gibt es vergleichsweise die Erfahrung, dass subliminale Eindrücke, die das Ich-Bewusstsein nicht erreichen, eher zu einer seelischen Dumpfheit beitragen. Zum Beispiel wirken Gefühle immer dann depressionsfördernd, wenn man sie nicht in das Licht gedankenfähiger Vorstellungen erheben kann. Andererseits mindern Gedanken, die nicht gefühlsfähig sind, sondern «nur gedacht» werden, ebenfalls das Ich-Gefühl. In beiden Fällen wird in einem menschlichen Sinne nur bewusstseinsfähig, was vom Lebensgefühl des Ich wahrgenommen werden kann. Andere Eindrücke, Gefühle, Empfindungen verbleiben im Dämmerbereich zwischen Sein und Bewusstsein und können von dort, gerade weil sie nicht deutlich beobachtet werden können, Wirkungen im seelischen und leiblichen Organismus entfalten.

In diesem Dämmerbereich zwischen Sein und Bewusstsein existieren die *Elemente*. Von Elementarwesen kann man insofern sprechen, als die Elemente Kraftwirkungen auf der Grenze zwischen Leben und Erleben, Sein und Bewusstsein darstellen und dabei geistig impulsiert sind. Die geistige Impulsierung verschafft ihnen Wesenscharakter und eine weitreichende seelische Identifizierbarkeit. Warmes Wasser und gefrorenes Wasser in Form von Eis oder Schnee sind nicht nur physikalisch differenzierbar, nicht nur sinnlich quantitativ, sondern auch qualitativ zu empfinden. Sie erhalten dadurch eine seelische Wirkung, die ihnen in einer Art Resonanzeffekt selber seelische Eigenschaften verleiht: Man denke beispielsweise an die seelische wie physikalische Bedeutung von Begriffen wie hart, weich, kalt und warm.

In der älteren Naturkunde war ähnlich wie in Philosophie und Theologie deutlich, dass die Elemente weder mit der Materie noch mit dem Geist identisch sind, dass sie vielmehr auf der Grenze zwischen materiellem und geistigem

Sein existieren.[35] Was die Elemente sind, kann dieser Betrachtungsart zufolge nicht durch Sinneswahrnehmung, sondern nur in der gedanklich-geistigen Betrachtung zutage treten. Die Elemente konstituieren in dem Zusammenspiel von Geist (aristotelisch: Form) und Materie, was als Gegenstand in der sinnlichen Wahrnehmung erscheint. Die Erde als festes Element, das Wasser als Element der Entwicklung und Verwandlung, das Luftelement in seiner belebenden Wirkung und die Wärme als Kraft der Umschmelzung und Verinnerlichung wirken aber auch im menschlichen Organismus und von dort aus in der Seele. Ein Mensch, der leiblich-seelisch eher von Wasserkräften bestimmt ist, zeigt eine andere Lebenssignatur als derjenige, bei dem Luftkräfte überwiegen. Der Erstgenannte wird stärker auf Gefühlskräften ruhen, sein Leben insgesamt ruhiger gestalten. Es liegt auf der Hand, dass solche leiblich-seelischen Eigenschaften sich auch auf die Umgangsweise mit Erkenntnisfragen auswirken. Die Elemente sind selbst nicht unmittelbar geistig, sie wirken aber in den Geistbereich hinein. Man kann sich bei einem Menschen leicht vorstellen, dass er weitaus impulsiver mit Wahrheitsfragen umgeht, wenn er leiblich-seelisch vorherrschend aus luft- und wärmeartigen Kräften lebt.

Umgekehrt erhalten die Elementarwirkungen ihre Formungen aus dem Geist. Der Mensch ist von seinem Bewusstsein aus in der Lage, seelisch aufbrausende oder auch ruhige gemütvolle Grundhaltungen zu verändern und über einen längeren Zeitraum durch die Modifikation der eigenen Seelenlage entsprechende Körpervorgänge zu beeinflussen. Die aristotelische Physik und Philosophie war in der Antike und im Mittelalter der Überzeugung, dass die rein geistige Form die Elemente in ihrer Mischung bestimmt. Denn die Elemente sind einzeln und ungemischt nicht sinnlich wahrnehmbar, sie treten nur in der Mischung in Erscheinung. So ist kein Zustand des Wassers denkbar, ohne dass seine Wärme- bzw. Kälteverhältnisse mitberücksichtigt werden; die Temperatur des Wassers aber wird über die Luft vermittelt. Wenn es sich um eine substanzielle Form handelt, wenn die Form also Eigenschaften und Erscheinungsweise eines Gegenstands wesenhaft bestimmt, so wirkt die Form substanzbildend.

Der Substanzbegriff hat in der Neuzeit eine drastische Wandlung durchgemacht; als «Substanz» wird heute meist eine Art stoffliches Substrat eines Dinges verstanden. Demgegenüber meinte die aristotelische Physik und Philosophie, aber auch die Theologie mit dem Begriff «Substanz» die Wesenheit des Gegenstandes, die in der nur geistig feststellbaren Form begründet liegt. Denn in jedem Gegenstand kann sich alles ändern, gerade auch die materiellen Zustände (beispielsweise in der Entwicklung einer Pflanze; aber auch etwa ein Stück Metall unterliegt permanenten materiellen Veränderungen); die substanzielle Form aber bleibt erhalten. So bezeichnete man im christlichen Mittelalter auch die hierarchischen Wesenheiten als Substanzen, man nannte sie «substantiae separatae», (von der Materie) abgetrennte Wesen. Die substantielle Form wurde so aufgefasst, dass sie aus einem jeglichen physischen, seelischen und geistigen Gegenstand dasjenige macht, was er seinem Wesen nach ist.

In einem ähnlichen Sinne ist auch zu verstehen, dass hierarchische Wesenheiten formgebend in den Bereich der Elemente hineinwirken. Eine solche Wirkung ist weniger auf die materielle Erscheinungsform des betreffenden Gegenstandes zu beziehen, denn diese wird weitgehend auch von irdischen Umständen mitbestimmt; eher hat man sich den Einfluss der hierarchischen Wesen im Kraftbereich der Elemente zu denken, also in derjenigen unsichtbaren Sphäre, in der die Kraft etwa des Feuers anzusiedeln ist. Die

Kraft des Feuers kann materiell oder seelisch erwärmend, sie kann aber in beiden Fällen auch verbrennend und zerstörend wirken. Das elementare Kraftgeschehen unterliegt einer dauernden hierarchischen «Regulation», die deshalb nicht bemerkt wird, weil die Elemente für die sinnliche Wahrnehmung nur in ihrem irdischen Geronnensein in Erscheinung treten. Für die Hierarchien besitzen die Elemente allerdings keine materielle oder sinnlich-irdische Qualität, sondern eine seelisch-geistige. Die Elemente sind den hierarchischen Wesen allein als Kraftwirksamkeiten wahrnehmbar und damit ihrer Beeinflussung zugänglich.

Dieser Kraftaspekt elementarischen Geschehens zeigt sich im *Erleben* der Elemente, wie es beim Menschen auftritt. Der Wahrnehmung der Witterung, beispielsweise von Perioden längeren Sonnenscheins oder Regens, ist immer ein spezifisches seelisches Erleben beigemischt. Es handelt sich bei diesem Erleben um die Bewusstseinsseite eines Seins, das sich «objektiv» im «äußeren» Wetter abspielt. Bild und Kraft, Bewusstsein und Sein gehören für den Engel und höhere hierarchische Grade untrennbar zusammen. Somit besteht die Verbindung der Hierarchien zu den Elementen über den Menschen, der beispielsweise die Witterung erlebt. Im Sinne der Darstellung im ersten Abschnitt[36] ist nur als Abstraktion vorstellbar, dass es eine Witterung ohne menschliches Erleben gibt; selbst ein Wetter, das von keinem Menschen erlebt wird, ist nur von entsprechenden anderen Erlebnissen mit der Witterung her verständlich.

Der Engel ist darauf angewiesen, geistig mitzuerleben, welche Kraftbewegungen die Elemente im Menschen vollziehen. In der menschlichen Seele kann unabhängig vom äußeren Geschehen elementare Kraft wirken. So können beispielsweise Wärmeerlebnisse und entsprechende zwischenmenschliche Bedürfnisse mit individueller Gefühlsbildung verwechselt werden. Verliert der Mensch, etwa durch Änderung seines Naturbildes, die Beziehung zu den äußerlich wirksamen Elementen, so bleibt die geistige Wahrnehmung des Engels auf die menschlich-innerseelischen Elementarvorgänge beschränkt. Diese besitzen zwar eine «objektive» Seite im Leibesgeschehen; so ist beispielsweise das Erleben von Wärme oder Kälte im zwischenmenschlichen Bereich nicht unabhängig von entsprechenden Blutprozessen im Organismus möglich. Aber der Erlebnisaspekt bleibt doch einseitig, und er ist gegenüber der Elementarwirksamkeit in der Welt wie isoliert. Die elementaren Kräfte in der Welt verlieren also ihren Bewusstseins- oder Erlebensaspekt – oder ihre Wirksamkeit im Menschen wird nicht mehr als Weltgeschehen, sondern nur noch als innermenschlich (organisch-seelisch) verstanden.

Aus der Wesensperspektive betrachtend könnte man formulieren: In einer solchen Situation werden die Elementarwesen führungslos. Die hierarchischen Wesen, die als «substanzielle Form» (Thomas von Aquin) der Elemente[37] wirken, können diese nur über das menschliche Erleben erreichen. Diese Geister der Form und die Engel als ihre Übermittler benötigen das Naturerleben des Menschen als Anknüpfungspunkt ihrer eigenen Naturwirksamkeit. Trennt sich das innerseelische Erleben des Menschen in der angedeuteten Weise von der Natur, so muss sich der Engel auf diejenigen elementarischen Erlebniskräfte beschränken, die der Mensch im eigenen Binnenraum behält. Die substanzielle Formung aus den Hierarchien erreicht nicht mehr die in der Welt wirksamen Elemente; diese unterstehen nun eigenen Gesetzmäßigkeiten, die zu einer Entmischung tendieren. Die Entmischung der Elemente im Naturvorgang könnte beispielsweise bedeuten, dass Wasser, Luft und Wärme ihre substanzielle Form verlieren und sich in enthemmten Windkräften und maßlosen Regenfällen äußern. Die Elemente, von ihrer Erlebnis- und Bewusstseinsseite getrennt, sind dann dazu verurteilt, einer geistfernen, rein irdischen Gesetzmäßigkeit zu folgen, die dann auch noch als eigentliche «Natur» missverstanden werden kann.

Aber auch für die elementaren Kräfte im menschlichen Organismus und in der Seele ergeben sich in diesem Vorgang weit reichende Veränderungen. Sie treten dann vielleicht als menschliche «Bedürfnisse» auf, also als eine «naturhafte» Ausstattung des Leibes und der Seele, ohne dass eine wirkliche Ich-Autonomie für die entsprechenden Gebiete noch angenommen werden kann. Diese Wirksamkeiten der Verfügung eines freien Ich zu unterstellen wäre auch falsch verstandener Idealismus, denn die Elemente haben sich in dem geschilderten Vorgang zu einer Kraftwirksamkeit im Menschen hinentwickelt, denen die Individualkräfte des Ich tatsächlich nicht gewachsen sind. Indem die objektive Seite der Natur aus dem elementaren Erleben des Menschen verschwindet, erheben sich die Elemente *im Menschen* zu einer neuen, aber problematischen «Objektivität». Sie entfalten ihre Wirksamkeit dann bis in das Seelen- und Geistesleben des Menschen hinein; es entsteht ein Menschenbild, das beispielsweise eine sehr weit reichende Bedürfnisbestimmung unterstellt und mit dieser Theorie auch noch die Wirklichkeit trifft, die sich inzwischen ergeben hat! Und auch der Organismus wird beeinflusst, denn im Menschen verbindet sich im Elementargeschehen Bild (seelisches Erlebnis) und Kraft (Wirkung der Elemente im menschlichen Leib). Der Mensch wäre dann demnach im eigenen Leben und Erleben Kraftwirksamkeiten ausgesetzt, die eigentlich das «äußere» Naturgeschehen bestimmen sollten und in *dieser* Wirksamkeit vom Menschen erlebt werden könnten.

Und der Engel wäre in ein solches Geschehen eingebunden. Er wäre jetzt bezogen auf einen Menschen, der sich tendenziell gegenüber der Naturwirklichkeit isoliert und im eigenen Innern eine Art Vakuum der eigenen Individualität ausbildet. Der Engel wäre eingebunden in eine Eigendynamik des Naturgeschehens (ohne Mensch) und der menschlichen Innerlichkeit (ohne Welt); der Engel würde seine geistigen Eindrücke, die am menschlichen Erleben orientiert bleiben müssen, nur in sich aufnehmen, aber nicht an höhere hierarchische Grade weitergeben können: weil sie keiner geistigen Realität entsprechen und gerade die ursprüngliche Bestimmung elementarer Wirksamkeit, die Existenz zwischen Sein und Bewusstsein, zwischen Leben und Erleben aufgegeben haben. Im menschlichen Erleben wirkt eine elementare Kraft, die höchstens noch einer Wirklichkeit im physisch-ätherischen Leib des Menschen entspricht; in der Natur wirken die Elemente als reiner Lebens- und Kraftprozess, der vom Menschen zwar noch wahrgenommen wird, aber mit dem eigenen Innenerleben nicht mehr verbunden werden kann, diesem gegenüber sogar als feindlich empfunden wird. Welcher Verlust mit dieser Entkoppelung der Elemente im Innen und Außen verbunden ist, lässt sich ermessen, wenn man bedenkt, dass die Nähe von ätherischem und astralischem Geschehen im Kind, also die enge Verbindung von seelisch-geistiger und elementarer Entwicklung, den viel beschriebenen «Zauber der Kindheit» ausmacht – oder ausgemacht hat, denn auch solche kindliche Lebens- und Erlebensformen scheinen immer mehr der Vergangenheit anzugehören.

Das nebenstehende Bild wurde von einem neunjährigen Kind mit Aquarellfarben gemalt. Es hat etwa Postkartengröße und zeigt ein Weihnachtsmotiv: Drei Hirten gehen auf ein hüttenähnliches Gebäude zu, das in einer Mischung aus Innen- und Außenansicht gezeigt wird. Im Innern die Szene des Heiligen Abends mit Maria, Joseph, dem Kind in der Krippe und einer auffälligen, von der Decke herabhängenden Laterne; diese bildet einen wichtigen Bestandteil des Bildgeschehens. Auf beiden Seiten des Gebäudedaches ist jeweils ein Engel zu sehen, welcher seine Aufmerksamkeit und Tätigkeit auf das Innere der Hütte richtet; über dem Gebäude, mit geringem Abstand zum Dachfirst, ein Fünfstern. Den Boden oder Untergrund der gesamten Darstellung bildet ein grüner Streifen, durchlaufend auch im Innern der Hütte, die keinen eigenen Fußboden besitzt.

Auffällig sind einige Einzelheiten der Darstellung: Die bereits nahe herangekommenen Hirten verursachen offenbar eine Eindellung der Hüttenwand; hier ist eine gewisse Kraftwirkung spürbar. Joseph und Maria sind mit dem Kind allein, es sind keine Tiere anwesend – so kann das Gebäude eigentlich nicht als Stall bezeichnet werden. Eine bestimmende Wirkung hat aber die Laterne; sie verbreitet intensiv einen Lichtschein, der, sehr viel feiner und eher angedeutet, auch Marias Kopf und das Kind in der Krippe umgibt. Joseph ist ohne eine solche Lichtaura dargestellt. Er hat einen Stab in der Hand, der ihn mit den beiden ersten Hirten verbindet. Außerdem ist sein Gesicht von einem Bart umrahmt, wie auch zumindest die beiden ersten Hirten einen Bartansatz zeigen. Eine weitere Verbindung zwischen den Hirten und Joseph bildet die hutähnliche Kopfbedeckung; die Gewänder allerdings sind unterschiedlich: Die Hirten tragen Hosen, Joseph einen Umhang

oder Mantel. Das Gewand Marias ist tiefrot und korrespondiert mit dem sternförmigen Rot (Feuer) im Innern der von der Decke hängenden Laterne; das Rot in der Bekleidung der Hirten ist dunkler und gedämpfter.

Der Engel auf der linken Dachseite berührt mit seinen Armen das Gebäude, sein Blick ist direkt nach unten auf das Geschehen in der Hütte gerichtet; über seinem Haupt ist ein roter Lichtschein zu sehen, der in der Farbe dem Feuer in der Laterne und Marias Gewand entspricht. Der Lichtschein des Engels ist anders gefasst als die eher sternen- bzw. strahlenförmige auratische Umgebung Marias, des Kindes und des Laternenscheins. Der Engel auf der rechten Dachseite berührt das Gebäude mit einem Fuß, sein Blick ist nicht nach unten gerichtet, sondern zur

Dachspitze. Genauer formuliert: Er scheint zwischen der Dachspitze und dem Stern wie zu dem anderen Engel hinzublicken, nur ist dieser Blick lediglich angedeutet, nicht wirklich durchgeführt.

Die Dynamik des Bildgeschehens kommt zum Ausdruck, wenn man beachtet, dass die Hirten nicht in das Innere der Hütte blicken. Davon werden sie durch die auffällig eingedellte Wand abgehalten: sie können das Innere offenbar nicht wahrnehmen. Ihr Blick geht vielmehr nach oben zu dem Engel auf der rechten Dachseite; auch diese Ausrichtung ist in der kindlichen Darstellung nur angedeutet, in der räumlichen Gestaltung nicht durchgeführt. Dass die Aufmerksamkeit der Hirten nach oben gerichtet ist, kann man aber sehr deutlich an der Stellung der Hüte erkennen. Die Sehbewegung der Hirten wird von der Dachtraufe wie aufgenommen, vom Dach an den Fuß des rechten Engels weitergegeben und durch dessen «Leib» über die Hände weitergeleitet. Die Bewegung setzt sich dann kurz über der Dachoberfläche fort, wird von dem Stern aufgenommen, durch dessen Zackenstellung über dem Dach wie aufgefangen und auf der linken Dachseite wieder nach unten geleitet. Dort, wiederum kurz über dem Dach, wird die Bewegung von dem roten Lichtschein des Engels oder dem Kopf des Engels, vielleicht auch durch den hinter dem Lichtschein liegenden Flügel übernommen und von dem Arm des Engels an die linke Dachfläche weitergegeben. Von dort verläuft sie in das Gebäudeinnere. Man kann vielleicht sogar den Eindruck haben, diese Bewegung erreiche im braunen Dachbereich des Gebäudes, ausgehend vom Arm des linken Engels, den Punkt der Aufhängung der Laterne an der Decke des Hütteninnenraums. Der Engel selbst blickt dabei nicht auf die Aufhängung, sondern auf das Innere der Laterne, mit dem er durch die Farbe seines Lichtscheins verbunden ist.

Setzt man diese Dynamik der Bildgestaltung in eine inhaltsbezogene Bewegung um, so ergibt sich, dass die Hirten das Christus-Geschehen im Innern der Hütte nicht direkt, sondern über die beiden Engel wahrnehmen. In dieser Bildgestaltung kommt zum Ausdruck, dass sie den Vorgang geistig schauen. Auch der Stern ist an diesem spirituellen Wahrnehmungsvorgang beteiligt, indem er die Bewegung, die aus der weitergebenden Geste des rechten Engels entsteht, auffängt und auf der linken Dachseite herunterspiegelt; dort wird sie vom Kopf, Lichtesschein und Flügel des linken Engels aufgefangen und von dessen Arm wie beschrieben weitergeleitet. Aber auch die auffällig leuchtende Laterne ist an dem Wahrnehmungsvorgang der Hirten beteiligt – die Hirten benötigen offenbar die Vermittlung durch die geistige Welt der Engel, aber auch durch den kosmischen Sternbereich, um das sich hier vollziehende irdische Geschehen «sehen» zu können. Selbst Maria scheint nicht direkt auf das Kind, sondern auf die Laterne zu blicken, die den geistigen Strom, der von den Engeln kommt, aufgenommen hat und damit im Innern der Hütte zur Geltung bringt.

Die linke Bildhälfte, auch die linke Seite des Hütteninnenraumes, ist «offener» als die rechte. Das zeigt sich äußerlich an der dünneren linken Hüttenwand, vor allem aber an den Stäben Josephs und der Hirten. Joseph ist durch die Stellung seines Stabes gegenüber der Krippe und dem Christus-Kind abgeschirmt; sein Blick geht über den Stab hinweg und, ähnlich wie bei Maria, nicht auf das Christus-Kind selbst, sondern auf die Laterne. In gleicher Weise sind die beiden linken Hirten durch ihre Stäbe gegenüber dem Geschehen abgegrenzt, das vor ihnen liegt. Die Stäbe stellen sowohl bei Joseph als auch bei den Hirten einen verstärkten Erdkontakt her, über den alle drei gleichsam hinwegsehen: auf das geistige Geschehen im

Engel (die Hirten) bzw. auf das Lichtgeschehen der Laterne (Joseph). – Gegenüber der Abgrenzung zur Krippe hin, die in der Stabhaltung Josephs erscheint, nimmt die Armstellung Marias die Form der Krippe regelrecht auf und führt sie in die Gestalt Marias hinein fort. Im Bereich Marias besteht eine innige Verbindung und Nähe zwischen der Krippe, dem Licht der Laterne und Maria selbst; alle drei Bildmotive sind durch die unterschiedlichen Lichtauren verbunden. Aber weder Maria noch Joseph scheinen von den Engeln über dem Haus Kenntnis zu nehmen. Maria und Joseph sind auf den inneren Lichtesschein der Laterne bezogen, die Hirten auf das geistige Geschehen im Außenraum, das mit den Engeln verbunden ist. Man kann den Eindruck gewinnen, dass über die Engel eine Verbindung des Wahrnehmungsfeldes der Hirten in das Innere der Hütte hinein besteht, während Maria und Joseph ganz im Innenraum bleiben, von dem äußeren Bildgeschehen nichts «wissen».

Die Engel haben die Hirten zu Christus geleitet; nun nehmen die Hirten das Christus-Licht durch die Engel wahr. Die beiden Engelgestalten befinden sich zwischen Himmel und Erde, sie gehören nicht eindeutig wie der Stern dem kosmischen Bereich an. Sie sind dem Dach, dem Haus und damit dem irdischen Geschehen sehr nahe, lenken den Geistesstrom auf der Erde. Das Bild enthält eine Außenwahrnehmung des Inneren (Hirten), aber keine Innenwahrnehmung des Äußeren (Joseph und Maria). – Selbstverständlich darf eine solche Darstellung eines Kindes nicht überbewertet werden. Aber es kommt in ihr doch ein bestimmtes Erleben mehr oder weniger instinktiv zum Ausdruck. Joseph und Maria sind mit dem Christus-Kind abgeschirmt: gegenüber der geistigen Welt oberhalb des Hauses, aber auch gegenüber dem Äußeren, das die Hirten repräsentieren. Christus ist jetzt auf der Erde. Nur in dem tief herabhängenden Licht der Laterne ragt etwas «von oben» in das innere Geschehen herein. Die Verbindung zwischen innen und außen wird von den Hirten gesucht, von den Engeln hergestellt. Der alte geistige Kosmos, der in der Sternenwelt geronnen ist und auf dem Kinderbild in dem Fünfstern erscheint, hat dabei eine gewisse Spiegelungs- und Leitungsfunktion.

Die Engel vermitteln zwischen dem Außenraum und dem inneren Geschehen, aber nur wenn die Hirten den Engeln folgen und diese Innerlichkeit suchen. Das Kind, das das Bild gemalt hat, kritisierte an der eigenen Darstellung, dass die Hirten zu klein ausgefallen seien. Sie hätten mindestens die Größe von Joseph und Maria und den Engeln erhalten sollen: Das Kind hätte also die Bedeutung der Hirten gegenüber den anderen Gestalten noch hervorgehoben. Es ist kein Zufall, dass die Hirten sich von der rechten Seite, also von der Seite Josephs, der Hütte nähern, dass sie durch den Stab ihre Beziehung zu ihm zeigen; sie hätten nicht von der Seite Marias herkommen können, denn Joseph stellt den Innenaspekt des «äußeren» Hirten dar. Dieses Äußere dringt durch die Engel zu einer inneren Realität vor, zu der Innerlichkeit, die durch Christus wirklich wird. In diesem Innenraum scheint kein äußeres Licht; der Stern bleibt draußen, auch die Engel kommen nicht hinein. Was den Innenraum erhellt, ist ein vom Menschen hervorgebrachtes, kein natürliches oder unmittelbar geistiges Licht. Dass es im Innern scheint und den Innenraum erhellt, darum haben sich Joseph und Maria zuvor kümmern müssen. So können die Hirten auf ein Inneres treffen, das für sich bleibt, das nicht mehr vom alten kosmisch-geistigen Licht durchzogen ist, aber trotzdem nicht im Dunkeln bleibt, sondern von Laternen erhellt wird.

Der Engel weist heute den Menschen auf dessen eigenen geistigen Innenraum, er kann ihn nicht in eine geistige Welt geleiten und ihn dort festhalten. Der Mensch sucht in der geistigen Welt seinen eigenen geistigen Innenraum; dies ist Kennzeichen einer erwachenden Ich-Beziehung zum Geist. Die Hirten treffen gleichsam im Innern sich selbst als Joseph an; dieser aber steht in Beziehung zu Maria, bleibt also nicht bei sich selbst. Und die Beziehung zu Maria bringt mit der geistigen Welt das Christus-Kind hervor, ein Geschehen, das aber seinerseits vom menschlichen Eigenlicht, von der «künstlichen» Laterne erhellt werden muss; andernfalls wird es nicht bemerkt oder kann zumindest vom Menschen nicht deutlich wahrgenommen werden. Das vom Menschen selbst hervorgebrachte Licht erhellt das Innengeschehen, während die Engel den geistigen Blick, das Suchen der Menschen lediglich noch lenken.

Die Hierarchien

Aus einer so verstandenen anfänglichen Eigenverantwortung des Menschen, der seine Intention selbst fassen, aber dem Engel anvertrauen kann, können wieder versuchsweise Aussagen über den Engel und die Hierarchien getroffen werden. Dabei ist die Eigenverantwortlichkeit und der geistig individuelle Zugang des Menschen angesprochen; es ist immer weniger möglich, sich allein auf die ältere Überlieferung zu berufen, beispielsweise im Werk des Dionysius Areopagita, der die christliche Engelanschauung begründet hat,[38] oder auf die umfassende Engellehre des Thomas von Aquin.[39] Ähnliches gilt aber auch für die mündlichen und schriftlichen Darstellungen Rudolf Steiners zu den hierarchischen Wesen. Die Eigenverantwortlichkeit des Menschen umfasst die Einsicht, dass das Vorliegende den Ausgangspunkt eigener Bemühungen bilden kann, dass die Darstellungen im Werk Rudolf Steiners in zeitgemäßer Weise einen inneren Übungsweg begründen können, der Zugänge zu den Hierarchien erschließt. Aber keine spirituelle Überlieferung kann als «Beleg» oder als Ersatz eigener geistiger Zugänge verwendet werden, wenn geistige Autonomie ernst genommen wird.

Jede geistige Arbeit sollte das Bewusstsein dafür schärfen, wo sich das geistig suchende Ich selbst befindet, also den überlieferten Erkenntnisstand von dem eigenen klar differenzieren können. Es ist verständlich und für geistigen Fortschritt sogar notwendig, dass die Darstellungen des Lehrers verinnerlicht, zum eigenen geistigen Gut verarbeitet werden, dass im Sinne der Apokalypse das Buch «gegessen»[40], nicht nur gelesen wird. Aber es ist doch notwendig, eigene Bemühungen und Einsichten im Erkenntnisgebiet deutlich von denjenigen anderer abzugrenzen und sich nicht nur dort sicher zu fühlen, wo auf die Autorität verwiesen werden kann. In einem solchen Sinne sind auch die folgenden Ausführungen zu verstehen.

Der Engel berührt den Menschen an der Existenzialschwelle des Denkens, dort, wo das Denken dem Seelen- und Lebensprozess einverwoben wird. Das ist zunächst nicht die Ergebnis- oder Inhaltsseite des Denkens, sondern seine Funktion und Wirkung innerhalb der Seelenorganisation, aber auch in den Vorgängen des Leibes. Es gibt auch Situationen, in denen das Denken seelische und Lebensprozesse unmittelbar beeinflusst oder sogar bestimmt. Dann berühren sich Denken und Leben, entweder im seelischen Erleben, im biographischen Lebensprozess, oder im leiblichen Lebensvorgang. Die Charakteristik besteht in einem solchen Fall darin, dass die Bildseite, der Inhalt des Gedankens oder der Gedankenzusammenhang einerseits und die Kraftseite andererseits in der durch das Denken ausgelösten seelischen Empfindung oder dem veränderten Lebensprozess zusammenkommen. Bild und Kraft verbinden sich, und genau an dieser Stelle kann der Engel präsent sein. Aus der Beschreibung ergibt sich, dass der Mensch in der Lage ist, bewusst oder unbewusst die Bedingungen herzustellen, die die Nähe des Engels ermöglichen.

Rudolf Steiner hat diesen Zusammenhang in bestimmter Weise im 59. Anthroposophischen Leitsatz gefasst: «Eine unbefangene Betrachtung des Denkens zeigt, dass die Gedanken des gewöhnlichen Bewusstseins kein eigenes Dasein haben, dass sie nur wie Spiegelbilder von etwas auftreten. Aber der Mensch fühlt sich als lebendig in den Gedanken. Die Gedanken leben nicht; aber er lebt in den Gedanken. Dieses Leben urständet in Geist-Wesen, die man ... als die der dritten Hierarchie, als eines Geist-Reiches ansprechen kann.»[41]

Obwohl die Gedanken nur Abbild von Wirklichkeit, nicht Wirklichkeit selbst sind, obwohl sie tot und nicht lebendig sind, lebt das menschliche Ich in den Gedanken. Jede Beziehung des menschlichen Ich auf sich selbst geschieht im Gedankenelement – auch Gefühle treten für das wache Ich-Bewusstsein in Gedankenform auf. Die Gedanken bilden also das Lebenselement des Ich. Die Selbstvergewisserung, in der sich das Ich verdeutlicht, dass es im Gedankenelement lebt, führt an die Grenze von Gedankeninhalt und Lebensprozess und damit an die Schwelle desjenigen Bereiches, in dem eine Engelbegegnung stattfinden kann. Dieser Bereich wird betreten, wenn im Gedanken nicht nur das Abbild und die Deutung von eigenen Seelen- und Lebenswirklichkeiten (oder auch von Weltinhalten) erlebt wird, sondern das Denken selbst innerhalb des Lebensprozesses begriffen wird. Das ist für das Ich und höhere Grade der Selbstbewusstheit möglich.

Die Berührung von Denken und Leben bestimmt das Ich seelisch in verschiedener Weise. Das *Denken* ist zunächst nur Abbild, nicht Wirklichkeit oder Kraft. Aber indem ein

Gedanke beispielsweise zum Lebensideal wird, kann er zu einer biographischen Entwicklungskraft werden: Der Wille verwandelt das Bild in Wirklichkeit und wird es auf diesem Weg selbstverständlich modifizieren. Im *Gefühl* kommt es zu einer bestimmten Durchdringung von Denken und Leben. Das Gefühl tritt gedankenähnlich in das Bewusstsein, wirkt aber seelisch und leiblich als Kraft. So ist es wirklich und unwirklich zugleich. Im *Willen* wirkt, wo er nicht nur Vorstellung ist, eine verursachende Kraft, aber gerade diese Kraft tritt nicht in das Bewusstsein. Bewusst wird nur die Vorstellung des Handlungsziels. Bei einer Bewegung des Armes beispielsweise ist klar, wohin sich der Arm bewegen soll, es ist aber nicht deutlich, wie die Armbewegung aktiviert wird und welche Kraft in dem Muskel- und Knochenvorgang wirkt.

Schließlich verbinden sich Bild und Kraft, Bewusstsein und Sein in dem gesamten biographischen Prozess eines Menschen. Hier erfolgt zweifelsohne eine Kraftentfaltung, aber es ist oft nicht leicht, die biographisch und karmisch wirksamen Kräfte bewusstseinsfähig zu machen. Kennzeichen des Engelbewusstseins ist, dass diejenigen Kräfte, die in der Lebensentwicklung wirksam sind, auch in das denkende Bewusstsein treten; dass sich die Lebenskräfte also nicht nur instinktiv durchsetzen, sondern das Selbstbewusstsein des Menschen von ihnen bestimmt wird und sie wiederum bestimmt. Wenn das möglich ist, tritt der Mensch in das Engelbewusstsein ein, bildet also Geistselbst-Fähigkeiten aus.

Auf der beschriebenen Stufe verbleibt der Kraftschluss des Denkens, verbleibt seine Lebensberührung in den Grenzen der menschlichen Individualität. Es ist nun eine weitere Stufe denkbar, auf der hierarchische Kräfte so wirken, dass sich zwischenmenschliche Konstellationen und Entwicklungen ergeben. Der Übergang in die soziale

Kraftwirkung, in die Gestaltung der Verhältnisse zwischen Menschen bezeichnet die Grenze zu dem Bereich, aus dem der Erzengel wirkt. Man muss allerdings, wenn man diesen Übergang auch nur gedanklich vollzieht, berücksichtigen, dass hier die höheren hierarchischen Gliederungen *vom Engel her* betrachtet werden sollen. Damit ist zugleich auch, wie sich aus dem oben Gesagten ergibt, die Geistselbst-Perspektive der menschlichen Individualität eingenommen. Sie zu realisieren erscheint heute in einem höheren Maße notwendig als weit reichende hierarchische Gliederungen aufzubauen.

Denken und Lebensprozess begegnen sich in Bereichen zwischenmenschlicher Gestaltung, wenn eine geistige Ausrichtung auch zur sozialen (und seelischen) Grundlage von menschlicher Beziehung wird. Das bedeutet einerseits, dass die eigene geistige Ausrichtung sozial wirksam wird, und andererseits, dass die zwischenmenschlich wirksame Kraft dem Denken zugänglich wird. Die Schwierigkeit lässt sich vergleichen mit dem Problem, das eigene Gedankenleben gefühlsfähig zu gestalten und die eigenen Gefühle gedankenfähig zu halten; allein die Intention ist nicht ausreichend für einen solchen wechselseitigen Prozess, sondern es muss eine Lebenshaltung hinzukommen, die ihn ermöglicht. Der Gedanke darf das Gefühl nicht bestimmen und das Gefühl nicht den Gedanken. Im ersten Fall wird das Seelenleben überformt und ausgehöhlt, im zweiten Fall kann sich keine geistige Individualität, sondern nur «gedachte» Bedürfnisnatur entwickeln.

Für den zwischenmenschlichen Bereich bedeutet dies: Die geistige Individualität umfasst auch den anderen Menschen, und der andere Mensch umfasst auch meine Ich-Individualität. Wirke ich nur bestimmend auf den anderen Menschen, so kann mir der Ich-Prozess nicht von außen entgegenkommen, und ich überforme meine Umgebung.

Stelle ich mich vollständig auf den anderen ein, so werde ich zur Wirkung einer äußeren Kraft und ich werde mich verlieren. Die Frage, die Erzengel-Wirksamkeit verdeutlichen kann, lautet deshalb (wiederum aus der Perspektive des Geistselbst oder des früheren Engels gestellt): Wie kann eine Menschenbegegnung so stattfinden, dass ich mir selbst in dem anderen begegne und der andere sich selbst in mir begegnet? Wie kann mir aus dem anderen mehr von mir selbst entgegentreten, als ich in mir zur Zeit spüre, und wie kann ich dem anderen etwas geben, was er in sich zur Zeit nicht realisieren kann?

Das Verhältnis von Zentrum und Peripherie wird gleichsam verflüssigt. Ich habe nicht mehr nur das Gefühl, dass ich in mir selbst, in meiner Leibes- und Seelenorganisation stecke; ich habe außerdem nicht mehr das Gefühl, dass außerhalb meiner Selbst nur Nicht-Ich existiert. Ich bin nicht mehr mit mir, wie ich in mir stecke, identifiziert, sondern ich bemerke, was mir von mir selbst von außen zukommen kann. Eine entsprechende Erfahrung, die dieses erweiterte Ich-Erleben vorbereitet, kennt fast jeder Mensch aus seiner Biographie: Es gibt Lebensereignisse und Lebensbegegnungen, die im Moment ihres Auftretens als gegen mich gerichtet empfunden werden mussten, die sich aber nach einer längeren Zeit (die unter Umständen Jahrzehnte später liegen kann) als vollständig im Sinne einer angemessenen Ich-Entwicklung erweisen können. Ein Ereignis, ein Geschehen, eine Menschenbegegnung, zunächst als nicht von mir gewollt und vielleicht sogar als bedrohlich empfunden, stellt sich später als Wirkung einer Ich-Kraft dar, die in der Lebensentwicklung gewirkt hat, aber nicht als solche verstanden wurde.

Ein solches Erleben bildet, sobald man es von der biographischen auf die zwischenmenschliche Ebene übertragen kann, die Grundlage für ein Verständnis von Erzengel-

Wirksamkeit. Es kann auch helfen zu verdeutlichen, wie der Erzengel Michael heute wirkt. Denn es kann ja nicht darum gehen zu meinen, das Fremde wäre mein Eigenes oder das eigene Innenbewusstsein könnte für den anderen Menschen ich-fähig sein. Vielmehr gilt es gerade im Erleben des Fremden bemerken zu können, was zu mir gehört und wogegen ich mich eher abgrenzen muss. Gleichzeitig soll sich die eigene Außenwirkung durchaus so gestalten, dass sie von Ich-Individualität zeugt – aber gerade in der Authentizität des Ich dem anderen vielleicht einen Erfahrungsbereich eröffnen kann, in dem er in einem Nicht-Ich sich selbst wiederentdeckt.

Dieser Vorgang ist grundverschieden von dem, der in der Psychologie mit dem Begriff «Identifikation» belegt wird. Denn es ist ein geistiger, nicht ein seelischer Vorgang gemeint, in dem sich der Geist nicht an die Grenzen der individuellen Leibesorganisation gebunden fühlt, aber den Organismus doch als Träger der eigenen Ich-Fähigkeit erlebt. Kennzeichen für die Gestaltung der zwischenmenschlichen Beziehung im Sinne des Erzengel Michaels ist nun, dass diese Prozesse sich in der Begegnung von Ich-Individualitäten vollziehen, der bewussten Gedankenbildung zugänglich und unter Ausschluss älterer Prinzipien der Gemeinschaftsbildung. Nicht gabrielische Vererbungs- und Blutskräfte aus Familien- und Nationalitätszusammenhängen, nicht abstrakte Rechtsprinzipien oder «übergeordnete» Bedingungen etwa einer Familien- oder Staatsform bestimmen den Umgang von Menschen, sondern diejenige Kraft, die aus dem Erleben der Ich-Individualität im Denken (an der Grenze von Bewusstsein und Sein) entsteht.

Nun kann man noch einen Schritt weiter gehen und überlegen, wie sich nach der geistig-seelisch-leiblichen *Individualität* und der menschlichen *Sozialität* die *Natur* aus der Perspektive des Geistselbst oder des Engels ausnimmt. Es ist inzwischen deutlich geworden, dass sich nach dem Prinzip der Einheit von Bild und Kraft, von Erleben und Leben die Natur nicht als gegebene Objektivität darstellt, sondern als eine bestimmte Ausgestaltung geistiger Wirkungen, deren Bewusstseinspol dem individualisierten und erkrafteten Denken zugänglich ist. Diese Einsicht entspricht der Existenzform des Geistselbst und umfasst auch alle Bereiche, die sonst als «feste» und «äußere» Grundlage des Seins erscheinen.

Die Wirkung von Archai-Wesen, also der dritten Ordnung der dritten Hierarchie, nimmt sich aus dieser Perspektive so aus, dass kein Naturvorgang ohne die entsprechende Erlebnis- oder Erkenntnisweise des Menschen vorstellbar ist. Eine Landschaft kann vom Menschen wahrgenommen, ihr Eindruck seelisch erlebt, ihre Zusammenhänglichkeit gedanklich hergestellt werden; zudem ist denkbar, dass sich ein *geistig-individueller Bezug* zu dieser Landschaft zeigt: dass ich mich in einem bestimmten Lebensaugenblick in ihr befunden habe, ist zugleich Ausdruck meiner selbst in meiner biographischen Entwicklung – ebenso wie eine bestimmte Menschenbegegnung Ausdruck sehr individueller Entwicklungsumstände sein kann. Ein solches Erleben und Bewusstsein kann sich auch auf einzelne Naturgegenstände wie beispielsweise eine Pflanze oder auf den eigenen Organismus erstrecken. Es zeigt sich dann, dass die Individualität ihre Entwicklungsvoraussetzungen nicht nur im eigenen Lebenslauf, nicht nur in der Sozialität mit anderen Menschen findet, sondern auch in der natürlichen Umgebung und denjenigen menschlichen Hinzufügungen zur Natur, die sich aus Zivilisation und Kultur ergeben. In diesem Sinne sind auch Gebäude, angelegte Gärten, Siedlungen zu derjenigen Umgebung zu zählen, in der sich die Wirksamkeit von Archai-Wesen artikulieren kann. Der Engel betrachtet sie als Entwicklungsbedingungen des Ich. Das

Geistselbst-Bewusstsein kann bemerken, dass ein solches Verhältnis zwischen individueller Entwicklung und Umgebung nicht überzeitlich ist, sondern sich in Freiheit erst im Michael-Zeitalter realisieren kann, d.h. in derjenigen Zeit, in der Ich-Individualität am Selbsterleben des Denkens entsteht und damit den Übergang zu einer Geistselbst-Existenz eröffnet. Diese besteht darin, dass das Ich sich die Existenzbedingungen allmählich bis in seelische und leibliche Grundlagen hinein selbst gibt. In dem Moment, in dem es erspüren kann, dass dieser Vorgang auch Natur, Umgebung und eigene Leibesorganisation ergreift, gewinnt das Ich einen fühlenden Gedanken oder ein gedankliches Fühlen für die Wirksamkeit der Archai-Wesen.

Bei dem geschilderten Vorgang handelt es sich keineswegs um eine Beseelung von Natur und Umgebung, es geht weder um kindliche noch um atavistische Einheitserlebnisse mit der Natur. Ähnlich wie die psychologische Identifikation nicht das Verhältnis zwischen zentralem und peripherem Ich erklären kann, so ist es auch nicht möglich, das Punkt-Umkreis-Verhältnis zwischen Natur und Mensch aus den Kategorien des Seelenlebens zu erfassen. Der Engel kann im Bereich der Archai-Wesen wahrnehmen, wie jeder Gedanke und jede seelische Regung zugleich Umgebungswirklichkeit ist, wie jede Naturrealität zugleich geistige Wirklichkeit sein muss. Damit sind Merkmale für beide Seiten aufgestellt, deren Nachvollzug man sich innerlich annähern kann, wenn man sich vorstellt, ein Haus könnte vollständig nach individuell gefassten Gedanken gebaut werden und würde zugleich in seiner Formung die Form dieser Gedanken wie in einem Resonanzeffekt bestimmen können. Die Einheit eines in der äußeren Realität handelnden Menschen und seines Werkes wäre damit angesprochen, aber in einer Weise, dass der Werkmeister zugleich Werk und das Werk zugleich Werkmeister, der Geist in sich gegenständlich konsistent und die Gegenstände geistig durchlässig sind. Das Werdende wird zum Gegebenen, das Gegebene zum Werdenden, Zeit- und Raumdimensionen gelten nicht in der gewohnten Weise.

Für den Engel stellt es sich so dar, als wären Natur und Umgebung, im gewohnten Zeitverständnis selbstverständlich «vor» dem Menschen existent, erst im Augenblick des menschlichen Erlebens entstanden; als wäre das menschliche Erleben, das sich im normalen Zeitverständnis selbstverständlich an der gegebenen Natur entzündet, zugleich Urheber dieses Naturzusammenhangs vom Ursprung her; und als wäre in der Verbindung beider Seiten ursächlich wirksam, was als Ergebnis der Beziehung von Mensch und Umgebung in der Zukunft sein soll: eine bewusste geistgetragene Natur und ein menschliches Bewusstsein, das in voller Ich-Individualität die Konsistenz und Realität einer die Natur tragenden Kraft entwickelt hat.

Vielleicht wird nun auch ein Ausblick auf die Existenzform und Wirkung der zweiten Hierarchie aus dem Blickwinkel des Engels möglich. Sie besteht aus den Wesenheiten der Exusiai, Dynamis und Kyriotetes. Für den Engel steht in seiner Betrachtung wieder der Ich-Punkt, die Begegnung von Denken und Leben, von Bewusstsein und Sein im Zentrum seines geistigen Auffassungsfeldes.

Avicenna, einer der maßgeblichen Ärzte und Philosophen des arabischen Mittelalters (980 – 1037), nennt in seinem «Buch der Genesung der Seele» (Metaphysik) eine Stufenfolge der geistigen Wesenheiten: «Die erste Stufe ist die der reinen geistigen Engel, die Geister genannt werden. Darauf folgen die Stufen der geistigen Engel, die Seelen genannt werden. Diese sind die wirkenden, tätigen Engel. Darauf folgt die Stufe der himmlischen Körper.»[42] Diese Gliederung hat eine etwas andere Perspektive als diejenige, die auf Dionysius Areopagita zurückgeht. Die zweite Stufe der «geistigen Engel», die man als «Seelen» bezeichnet, sind die hierarchischen Wesen, die in den Himmelssphären die Himmelskörper bewegen, beleben, entwickeln. Die reinen geistigen Wesen der ersten Stufe stehen im Sinne dieser Betrachtung nicht in einer direkten Beziehung zur Körperwelt, sondern sie wirken durch reine Geisttätigkeit. «Seelen» können diejenigen Geistwesen genannt werden, die einen Leib beleben. Allerdings ist eine solche Beseelung eines himmlischen Körpers durch ein Geistwesen nicht in Analogie des Verhältnisses von menschlichem Ich und menschlichem Leib zu denken. Besonders Thomas von Aquin hat an verschiedenen Stellen seines Werkes darauf hingewiesen, dass die Beseelung der Himmelskörper durch hierarchische Wesen in den *Planetenbewegungen* zu suchen ist.[43] Dieser Gesichtspunkt führt zu einer Gliederung des Kosmos, in der die hierarchischen Stufungen nach Maßgabe ihrer Beziehung zur Körperwelt beschrieben werden.

In einem anderen Werk, seiner Auslegung der Seelenschrift des Aristoteles, nimmt Avicenna auch die eher aristotelische Perspektive ein, wenn er über den menschlichen Geist spricht: «Also sind der Geist und der Denkende und das Gedachte (intellectus, intelligens, intellectum) nicht eines in unseren Seelen.»[44] Von diesem Gesichtspunkt aus lässt sich die Geistselbst-Perspektive (also diejenige des Engels) auf die zweite Hierarchie deutlicher fassen. Avicenna will zum Ausdruck bringen, dass ein geistiges Wesen im Unterschied zum Menschen dadurch gekennzeichnet ist, dass der Geist bzw. das Denken (intellectus), das denkende Subjekt und der Gedanke, also der Denkinhalt, ein und dasselbe sind. Dies ist beim Menschen nicht der Fall, denn sein Geist (das Denkvermögen), die Denktätigkeit als aktueller Vollzug und der Denkinhalt sind nicht identisch. Selbsterkenntnis und Welterkenntnis fallen auseinander, und der Mensch konstituiert seine Existenzweise nicht aus dem Denken, sondern er denkt und denkt auch nicht, d.h. er existiert auch, wenn er nicht denkt. Diese drei Unterscheidungen treffen auf ein Geistwesen nicht zu: Es existiert in und durch seine Geisttätigkeit (Denken), gewinnt Selbsterkenntnis durch Welterkenntnis (und umgekehrt) und sein geistiges Vermögen ist nicht nur möglich, sondern stets wirklich, d.h. immer tätig und wirksam.

Bemerkenswert ist, dass das Kennzeichen einer geistigen Existenz in dieser Tradition stets in der Fähigkeit zum reinen Denken, in der Intellektualität gesehen wurde. Selbstverständlich ist der aristotelische intellectus von demjenigen Inhalt zu unterscheiden, der heute als Intellektualität oder Intelligenz bezeichnet wird. In der hier angesprochenen Überlieferung wurden die hierarchischen Wesenheiten nicht nur als «intellectus», sondern auch als «intelligentiae» angesprochen. Dasjenige Denken, das ohne Sinnesbezug in sich selbst Wirklichkeiten erfasst und schafft, das sich in den eigenen Zusammenhängen halten und weiterentwickeln kann, galt als Merkmal der geistigen Wesenheiten. Deren Gliederung ergab sich dann nach Maßgabe der Kraft im reinen Denken, also der geistigen Fähigkeit, Wirklichkeiten umfassend zu erreichen und dabei zugleich Sein zu begründen. Denken bzw. Erkennen und Sein sind nicht unterschieden, sondern eines; ein geistiges Wesen erkennt nicht nur bestehendes Sein, sein Denken ist also nicht nur deskriptiv. Vielmehr *schafft* es im Erkennen Wirklichkeiten, die außerhalb des Denkens nicht bestehen und die trotzdem der sinnlichen und seelischen Wirklichkeit an Realitätsdichte nicht nachstehen, sondern deren Ursache bilden.

So erreicht die Kraft der dritten Hierarchie Wirklichkeitsgebiete, die mit dem Menschen verbunden sind. Die Engel wirken innerhalb der menschlichen Individualität seelisch wie biographisch, die Erzengel umfassen auch zwischenmenschliche Bereiche, die Archai-Wesen bestimmen die innere und äußere Natur, soweit sie auf den (individuellen) Menschen bezogen ist. Geistige Kraft und Entwicklungsvorgänge bleiben an Voraussetzungen gebunden. Entwicklungen, die stattfinden, haben eine Ursache in der menschlichen Individualität. Diese umfasst Leib, Seele und Geist des Menschen, seine innere und äußere Natur, aber auch seine Geisttätigkeit und Freiheit einschließlich aller kosmischen Stadien, in denen sich diese Individualität entwickelt hat. Die Kraft der zweiten Hierarchie setzt nun dort an, wo die Entwicklungsergebnisse dieser Bereiche zu Metamorphosen und neuen Entwicklungsgrundlagen geführt werden müssen.

Die dritte Hierarchie kommt an eine Grenze ihres Wirkens, wenn die Entwicklungsbedingungen menschlicher Individualität bis in die Naturreiche hinein sich gänzlich zu verwandeln haben. Der Engel kann beobachten, wie auch die Voraussetzung seiner Verbindung zur geistigen Individualität des Menschen nach einem Erdenleben und insbesondere im gegenwärtigen Michael-Zeitalter völlig andere werden. Die menschliche Individualität wird geistig eigenständig, übernimmt also in der schon mehrfach erwähnten Weise die früheren Aufgaben des Engels; auch seelische und soziale Bezüge unterstehen bis in die Gefühlsbildung und Lebensgestaltung zunehmend der freien Urteilsbildung des Menschen, der sich Geistselbst-Fähigkeiten aneignet; schließlich verwandelt sich auch das Naturverhältnis des Menschen nicht nur in der Weise, dass er die Natur anders erlebt, sondern dass die Elementarkräfte im Naturzusammenhang anders wirken, weil sie nicht unabhängig von ihrer Wirklichkeit in der menschlichen Seele zu denken sind. Hier zeigt sich, dass sich der Wirkungsbereich der dritten Hierarchie sehr weit erstreckt; in einer nächsten Phase menschlicher Entwicklung müssen sich aber auch seine Bedingungen verändern.

Die zweite Hierarchie hat nun die Aufgabe, die Voraussetzungen für eine neue seelische Existenz des Menschen in einem nächsten Erdenleben zu schaffen. Die Entwicklungsergebnisse des vorangegangenen Lebens werden also so umgeschmolzen, dass sie nicht als Effekt, sondern als Ursache wirksam werden können. Es findet eine Umschmelzung vom Ergebnis zur Ursache statt; dieser Vorgang stellt sich für den Engel so dar, dass der Geist bis in die Lebensursachen hinein schaffend wird. Damit entstehen für den Engel Voraussetzungen, in einem weiteren Erdenleben des Menschen in neuer Weise leiblich wie seelisch zu wirken: leiblich in der ätherisch-elementarischen Organwirklichkeit, seelisch in einem neuen Zusammenhang von Denken, Fühlen und Wollen – darüber hinaus selbstverständlich im Zusammenspiel von leiblichem und seelischem Organismus auf einer neuen Stufe der Ich-Entwicklung. Für das soziale Leben des Menschen und damit für den Wirkungsbereich des Erzengels entstehen dadurch auch neue Ausgangspunkte: Die zwischenmenschlichen Beziehungen erfahren zwar eine Fortsetzung, sind aber nicht Wirkung des vorangegangenen Erdenlebens. Der alte Ursachenstrom ist auch hier zu Ende gegangen und in seinen Wirkungen selbst wieder zur Ursache geworden. Für das Naturverhältnis des Menschen und damit für die Wirkungssphäre der Archai-Wesen ergibt sich aus der Perspektive des Engels die Situation, dass der Mensch, vereinfacht gesprochen, nun diejenigen Naturverhältnisse als Lebensgrundlage vorfindet, die er selber durch sein früheres Naturerleben und dessen Verwirklichung im nachtodlichen Sein geschaffen hat. In dieser Verwandlung ist die zweite Hierarchie tätig.

Es ist deutlich, dass solche Einflüsse der zweiten Hierarchie den Wirkungsbereich der dritten immer begründen, dass diese Kräfte nicht nur für die Umschmelzungsprozesse zwischen zwei Erdenleben des Menschen notwendig sind.

Für das geistige Wahrnehmungsfeld des Engels, das hier ausschließlich betrachtet werden soll, wird die Kraft der zweiten Hierarchie in bestimmten Anstrengungen und Fähigkeiten des Menschen anschaulich: Immer wenn es dem Menschen gelingt, durch Überwindung gewohnter Erlebnis- und Handlungsweisen sich selbst neue Entwicklungsvoraussetzungen zu schaffen. Welche Dimensionen mit einer solchen Aussage angesprochen sind, kann man sich daran verdeutlichen, dass hier eine Kontinuität und Kraft des Ich-Bewusstseins gemeint ist, die sich aufrecht erhält, auch wenn die gewohnten Voraussetzungen des Selbst- und Welterlebens entfallen. Es handelt sich dabei also um eine reine Willens-Wirklichkeit, die bis in das eigene Seelensein hinein konstituierend wirkt; die dieses seelische Innensein neu begründet, ohne dass etwas aus der Vergangenheit bleibt – ein Durchgang durch ein Nichts im Selbstgefühl und in der Weltwahrnehmung. Daran kann das geistige Ich die Erfahrung machen, dass es auch mit den erlebten Grundpfeilern der Eigenexistenz nicht identisch ist. Radikale biographische Neuanfänge, beispielsweise nach Suchtkrankheiten, schweren organischen Erkrankungen oder zwischenmenschlichen Schicksalseinbrüchen, können als Symbol einer solchen Fähigkeit des geistigen Ich gelten.

Es ist nun auch vorstellbar, dass ein solcher Durchgang durch das Nichts die zwischenmenschlichen Beziehungen und das Naturverhältnis des Menschen betrifft. Dabei handelt es sich um Neuanfänge wie nach einem Aufwachen aus einem tiefen Schlaf, wobei allerdings der «Schlaf» des Durchgangs durch das Nichts sich nicht in Bewusstlosigkeit sondern in Metamorphosen des Verlustes und des Leidens vollzieht. Andeutungen und Symbolisierungen eines solchen Zustands in *einem* Erdenleben zeigen sich in Symptomen wie der sogenannten multiplen Persönlichkeitsstörung und in Krankheitsformen, die im weitesten

Sinne dem Bereich der Panikerkrankungen zugeschrieben werden können; auch depressive Symptomformen sind hier bei genauerer Beobachtung zuweilen aussagefähig. Das Ich, das sich unter solchen Umständen halten kann, kann durchaus zur Veranschaulichung der Wirkungsweise der zweiten Hierarchie dienen. Allerdings muss hinzugedacht werden, dass die zweite Hierarchie Entwicklungsergebnisse in Entwicklungsursachen für *alle* Menschen und *alle* Erdenverhältnisse zu verwandeln hat. Die Ordnung der Exusiai schafft dabei die Voraussetzungen für die individuellen Seelen- und Lebensbedingungen, diejenige der Dynamis schafft Grundlagen für den sozialen Gesamtzusammenhang der Menschen, diejenige der Kyriotetes bindet alles Geschehen in eine Naturwirklichkeit ein, die sich zur Grundlage des Erdenlebens macht.

Die zweite Hierarchie verwandelt Wirkungen in Ursachen; dies sind Vorgänge, die ungeheure geistige Kraft erfordern, aber zunächst noch im Geistigen verbleiben. Die Kräfte der ersten Hierarchie (Throne, Cherubim, Seraphim) ermöglichen den Übergang in eine neue kosmische Eigenexistenz. Die Ursächlichkeit kann sich dann in ein neues Werden auf allen Stufen des Seins erstrecken, bis in seine materielle Verdichtung hinein. Eine solche Materialisation heißt, dass der Geist sich seiner selbst entäußern, zum Nicht-Geist werden muss. Der Engel besitzt eine gewisse geistige Anschauung eines solchen Kraftwirkens, wenn er beobachtet, wie geistig richtiges (und auch problematisches) Verhalten des Menschen auch gegenwärtig schon zu Veränderungen im Elementarzusammenhang führen kann; wie Kräfteverhältnisse im Sozialen gestört oder auch positiv neu geordnet werden können, ohne dass eine direkte Ursache aufzufinden ist. Auch der Grund für organische Erkrankungen und funktionelle Störungen ist zunehmend in solchen direkten elementaren Wirkungen des menschlichen Geistes zu suchen. Mit anderen Worten: Wie ich denke und aus Denken handele, prägt sich nicht nur in den Folgen dieses Handelns aus, sondern auch in Kraftstrahlungen, die das eigene Seelen- und Leibessein sowie die Umgebung betreffen. Was innere und äußere «Natur», was soziale Wirklichkeit ist, wird sich immer mehr nur dann verstehen lassen, wenn die direkten Wirkungsverhältnisse geistiger Individualität berücksichtigt werden, wenn also auch in dieser Hinsicht die Engelperspektive eingenommen wird. – Stellt man sich nun vor, dass menschliche Entwicklungsergebnisse des Ich, die seelisch, leiblich, sozial und in der Natur entstanden sind, zunächst in einem umfassenden Prozess zu einem bewussten Erleben und zu klarer Geisteinsicht sich wandeln; dass darüber hinaus die Individualität des Menschen sich aus solchen Ergebnissen selbst die Voraussetzungen für eine neue Erdenexistenz schafft; dass aber ein solcher Vorgang wiederum für alle Menschen die Existenzbedingungen in einer neuen Welt zu gestalten hat, in der das Geistige bis in die letzte irdische Kristallisation hinein schaffend wirkt – dann entsteht ein anfängliches Bild derjenigen Kraft, die aus der ersten Hierarchie heraus wirkt.

Die zweite Hierarchie lässt neues Leben seelisch-geistig entstehen, die erste Hierarchie kann das neue Geist-Seelen-Leben in ein neues Erden-Leben überführen. Die Entäußerung geht dabei so weit, dass das Erdensein eine Eigenexistenz zu haben scheint; und tatsächlich haben die höchsten hierarchischen Wesenheiten das Erdensein im gegenwärtigen Michael-Zeitalter freigegeben. Zur menschlichen Freiheit im Sinne von Geistselbst-Ausbildung gehört auch, in die Konsequenzen der eigenen Entwicklung einverwoben zu sein. Auch höchste hierarchische Wesen können nicht mehr garantieren, dass vom Menschen verantwortete Fehlentwicklungen «korrigiert» werden. Freiheit hat Konsequenzen, realisiert sich nicht auf einer menschlichen Spielwiese kosmischer Existenz. Gerade in seinem Verhältnis zur ersten Hierarchie kann der Engel erfahren, welche großen kosmischen Veränderungen vorgegangen sind, indem der Mensch die Freiheit zur Geistselbst-Existenz erreicht. Auch die hierarchischen Verhältnisse sind nur noch unter michaelischer Perspektive zu betrachten: Was wird aus der Wirklichkeit, wenn der Mensch die Stelle des Engels erreicht und ursächlich in die Geistwirklichkeit eingreift? Was wird aus einer geistigen Welt, die sich so weit entäußert und vergegenständlicht hat, dass sie vollständig zur irdischen Lebensgrundlage des Menschen wurde und nun auf ihre Auferstehung durch die menschliche Freiheitsentwicklung wartet? Hier ist für den Engel anschaulich, welche Bedeutung die Wirksamkeit Christi für die Zukunft der Hierarchien besitzt. Denn es ist Christus, der sich zum Geist der hierarchisch entäußerten Erde gemacht hat, der auch im Menschen wirksam ist, der der Individualität zur Seite steht. Durch Christus kann die menschliche Entwicklung zum Ausgangspunkt eines neuen Kosmos werden: des Neuen Jerusalem, der apokalyptischen Welt, über die Anselm von Canterbury ausgesagt hat, sie beginne damit, dass Christus den Menschen befähigt, geistig die Stelle des Engels einzunehmen.[45]

Der Engel und Christus

Im Johannes-Evangelium wird von einer Heilung durch den Engel berichtet (5,4 ff): Von Zeit zu Zeit steigt ein Engel herab in den See Bethesda. Am See, in einer Säulenhalle, lagern Kranke und warten auf das Niedersteigen des Engels. Wer von ihnen als erster das Wasser erreicht, wenn es vom Engel bewegt wird, der wird gesund. Als Christus am

See erscheint, sieht er einen Kranken, der schon seit vielen Jahren auf seine Heilung wartet; aber er hat niemanden, der ihn zum See trägt, wenn der Engel das Wasser bewegt. Christus fragt diesen Menschen: Willst du gesund werden? Und dann fordert ihn Christus auf, sein Bett zu nehmen und zu gehen – er ist geheilt.[46]

Der Engel heilt hier durch einen geistigen Eingriff in die Elementarwelt, durch den das Wasser bewegt wird. Eine Bewegung des Wassers kommt durch die Elemente zustande, wenn infolge der Veränderung von Wärmeverhältnissen eine Luftströmung entsteht; dieser Wind kann dann die Wellenbewegung des Wassers hervorbringen, die den Menschen heilt. Das Wasserelement ist der physisch-sinnliche Ausdruck ätherischer Wirksamkeit, also derjenigen Kraftflüsse im menschlichen Organismus, die für die Entstehung von Gesundheit und Krankheit entscheidend sind. Wenn nun der Mensch von dem geistig bewegten Wasser berührt wird, kann sich eine Veränderung seines eigenen Flüssigkeitsorganismus ergeben und damit auch der Ätherorganisation; diese wirkt ihrerseits über den Flüssigkeitsorganismus zurück auf das Krankheitsgeschehen, und der Mensch kann gesund werden.

Allerdings ist das Erscheinen und Verhalten des Christus als eine indirekte Kritik dieses «alten» Heilungsverfahrens zu verstehen. Christus heilt denjenigen Menschen, der durch die Wirksamkeit des Engels nicht gesund werden konnte. Die Geistselbst-Kraft des Engels hatte in das äußere Elementargeschehen der Natur eingegriffen und dadurch die ätherisch-elementaren Verhältnisse im menschlichen Organismus verändert. Es konnte nur derjenige Mensch geheilt werden, der als erster das Wasser erreichte, der also als *leibliche* Individualität zuerst am See angelangte. Christus spricht nun die *geistige* Individualität an und appelliert an den menschlichen Willen. Er fragt nicht: Willst du gesund *sein*? Sondern: Willst du gesund *werden*? Der große Unterschied zwischen beiden Formulierungen besteht darin, dass im ersten Fall die Gesundheit einfach hingenommen wird, während im zweiten der Prozess der Heilung mit allen Voraussetzungen und Konsequenzen angesprochen ist und bejaht werden soll. Damit ruft Christus die Geistselbst-Kraft, die der Engel vorher auf den ätherisch-elementaren Zusammenhang angewendet hatte, im Menschen selbst hervor. Diese Geistselbst-Kraft greift in die ätherische Funktion der Seele und des Organismus ein, der Umweg über die äußeren Elemente ist nicht mehr notwendig.

Mit anderen Worten: Christus spricht den Engel im Menschen an, das Geistselbst. Damit wird die Engelwirkung in den Menschen hinein, in seine geistige Individualität verlegt. Der Engel wirkt nicht mehr von außen auf den Organismus, sondern von innen, durch die und als die geistige Individualität des Menschen, der in seinem Willen Geistselbst-Kräfte hervorbringen kann.

Der «Engel-Gott»

Im 11. Jahrhundert spricht Anselm von Canterbury von der Heilung, Rettung und Erlösung des Menschen durch Christus. In seinem Werk «Warum Gott Mensch geworden» (Cur deus homo) führt er aus, dass der Mensch durch Christus gerettet wird, indem Christus den Menschen geistig in die Lage versetzt, in der geistigen Hierarchie die Stelle der gefallenen Engel einzunehmen. Am Ende dieser Schrift erörtert Anselm die Frage, ob eine ähnliche Rettung durch Christus auch *für den Engel* denkbar sei.

Anselm führt aus, dass die Menschen in Christus durch den Gott, der Mensch geworden ist, gerettet wurden; es musste der «Mensch-Gott» kommen, um den Menschen zu erlösen.

So müsse es für die von Gott abgefallenen Engel einen «Engel-Gott» geben, der sie rettet: «Denn wie der Mensch nur durch den Mensch-Gott wiederversöhnt werden konnte, der sterben konnte und durch dessen Gerechtigkeit Gott wiedererstattet wurde, was er durch die Sünde des Menschen verloren hatte: so könnten die verdammten Engel nur durch einen Engel-Gott gerettet werden, der sterben könnte und der durch seine Gerechtigkeit wiedererstattete, was die Sünden der anderen genommen haben.»[47]

Die Möglichkeit, dass die Engel durch einen Engel-Gott gerettet werden, schließt Anselm aber aus, und zwar wegen eines strikten geistigen Individualitätsprinzips. Er weist darauf hin, dass die Menschen alle von einem Menschen abstammen (Adam) und deshalb auch durch den einen Gott-Menschen (Christus) geheilt und versöhnt werden konnten. Aber nicht alle Engel stammen von einem Engel ab: «Auch das schließt ihre Wiederherstellung aus, dass sie, wie sie fielen, ohne dass ihnen jemand zum Falle schadete, so auch ohne eines anderen Hilfe sich erheben müssen.»[48] Man kann diese Aussage folgendermaßen verstehen: Auch wenn Gott Engel würde, ähnlich wie er in Christus Mensch geworden ist, so könnten die Engel durch einen solchen Engel-Gott dennoch nicht gerettet werden. Denn die Menschen sind im Sinne der Erbsünde durch die Verfehlung des ersten Menschen, Adam, von Gott abgefallen; die Engel haben sich aber jeweils individuell durch freie Entscheidung von Gott abgewendet. Deshalb könnten sie auch nur individuell für ihre Wiederherstellung verantwortlich sein und ein allgemeiner Engel gewordener Gott könnte ihnen nicht helfen.

Anselm sieht die Rettung des einzelnen Engels durch dessen individuelle geistige Eigenkraft als nicht möglich an; er begründet diese Aussage nicht näher. Bedeutsam ist aber, dass Anselm hier indirekt das Prinzip strikter geistiger

Individualität ausspricht. Der Engel, ein Geistselbst-Wesen, ist für seine geistige Verfassung selbst verantwortlich. Er hat alle Konsequenzen eines geistigen Verhaltens zu tragen, auch eines Fehlverhaltens; dessen Korrektur kann nur von ihm selbst ausgehen. Würde man diese Anschauung auf den Menschen übertragen, der geistig eigenständig geworden und so in den Bereich der Geistselbst-Existenz eingetreten ist, so wäre zu folgern, dass die Menschen nicht insgesamt durch Christus gerettet sein können, sondern jeder Mensch nun selbst eine individuell-geistige Beziehung zu Christus suchen muss. Das gilt von jenem Entwicklungszeitraum an, in dem die Geistselbst-Stufe für den Menschen erreichbar ist; frühere Epochen hatten andere Zugangswege zu Christus. Diese Haltung erinnert an die Aussage des Matthäus-Evangeliums (12,31 f.), in der Christus zum Ausdruck bringt, dass alle Sünden dem Menschen vergeben werden können, nur nicht die gegen den Heiligen Geist. Der geistig individuell gewordene Mensch steht in der selbstverantwortlichen Konsequenz seines Handelns und Denkens und muss damit auch selbst den Irrtum in Wahrheit verwandeln.

«Wenn … jemand meint, die Erlösung unseres Heilandes müsse einmal bis auf sie [die Engel] hin ausgedehnt werden, wird er vernünftigerweise überzeugt, dass er sich unvernünftig täuscht.»[49] Mit dieser Aussage lehnt Anselm ab, dass die Erlösungstat des Christus, wie sie für die Menschen geschehen ist, später auch die Engel umfassen könnte. Demgegenüber deuten andere Überlieferungslinien an, dass eine Zeit kommen wird, in der Christus auch im Bereich der Engel heilend, erlösend und rettend wirken wird. So findet sich in einem apokryphen, d.h. nicht in den Kanon des Neuen Testaments aufgenommenen Evangelium die Aussage: «Christus offenbarte sich den Engeln als Engel und dem Menschen als Mensch».[50] Und Origenes, einer der entscheidenden frühchristlichen Denker im Übergang zum

3. Jahrhundert, ist später verurteilt worden, weil er gelehrt habe: «Christus … sei allen alles geworden, unter Engeln ein Engel, unter Mächten eine Macht, und unter den anderen Ordnungen und Arten der Vernunftwesen habe er die zu einer jeden passende Gestalt angenommen; endlich habe er ‹ähnlich wie wir Fleisch und Blut erhalten› (vgl. Hebräer 2,14) und sei auch für die Menschen Mensch geworden …»[51] Origenes selbst führt über das Verhältnis Christi zum Erzengel aus: «Es wäre ja unsinnig zu sagen: In Petrus und in Paulus war Christus, im Erzengel Michael und in Gabriel aber war er nicht.»[52]

Diese Aussagen widersprechen Anselm im inhaltlichen Ergebnis; gemeinsam ist aber allen, dass der Entwicklungszusammenhang von Engel und Mensch in das Bewusstsein tritt und auf das Wirken Christi bezogen wird. Anselm und das Philippus-Evangelium stimmen in der Betonung der Individualität überein: Das Evangelium hebt hervor, dass Christus sich jedem anders offenbart, gleichsam in persönlicher Anmessung; Anselm kommt auf das Prinzip geistiger Individualität ebenfalls zu sprechen, allerdings eher indirekt und nur im Hinblick auf den Engel. Mit der Darstellung bei Origenes hat die Jahrhunderte später entstandene Aussage Anselms gemeinsam, dass ein Entwicklungszusammenhang zwischen der Erlösung des Menschen durch Christus und der Rettung der Engel zumindest angesprochen wird. Zwar bestreitet Anselm hier die Möglichkeit, dass die Erlösung durch Christus sich auf die Engel ausdehnen könnte, ähnlich wie er zuvor bestritten hatte, dass die Engel zu ihrer individuellen geistigen Errettung fähig sein könnten. Aber das Problem scheint trotzdem im 11. Jahrhundert noch einmal auf, und daran zeigt sich, dass es menschheitlich als die Frage nach dem geistigen Zusammenhang von Engel und Mensch gestellt ist – und dass die geistige Entwicklungsbeziehung zwischen beiden in der

Bedeutung der geistigen Individualität zu suchen ist. (Vgl. hierzu die entsprechenden Quellentexte im letzten Teil.)

Hier zeigt sich ein Bezug zu der Heilung durch den Engel, der das Wasser bewegt, und der Heilung durch Christus. Christus hat an dieser Stelle des Johannes-Evangeliums das Prinzip geistiger Individualität im Willensprozess in den Problembereich von Krankheit und Gesundheit eingeführt: «Willst du gesund werden?» Damit hat er (wie erwähnt) die «alte» Heilung durch den Engel insofern kritisiert, als er das Prinzip leiblicher Individualität (wer zuerst das Wasser erreicht, wird gesund) durch das Prinzip geistiger Individualität und damit der Selbstverantwortlichkeit auch im schweren Krankheitsfall ersetzt hat. Der Mensch als geistiges Wesen übernimmt selbst die frühere Funktion des Engels, d.h. den geistigen Eingriff in den ätherisch-elementaren Wirkungsbereich, wodurch die Heilung möglich wird. So kann sich eine Antwort auf die Frage abzeichnen, die bei Anselm offen bleibt: Wer rettet oder heilt den gefallenen Engel, wenn dieser dazu selbst nicht in der Lage ist? Der Mensch nimmt den Engel gleichsam in sich hinein, entwickelt die Voraussetzungen einer eigenen Existenz im Geistselbst-Bereich. Damit wird er im Sinne des Thomas von Aquin zum Mitregierenden des Engels.[53] In dieser geistigen Zusammenarbeit auf gleicher Augenhöhe mit dem Engel kann der Mensch eine Möglichkeit in den Bereich der Hierarchien hineintragen, die charakteristisch für das *menschliche* Geistesleben ist und zunächst auf die Hierarchien nicht zutrifft: die Möglichkeit, dass die Folgen des Irrtums sich nicht gleichsam naturgesetzlich fortsetzen, sondern dass Irrtum in Wahrheit verwandelt werden kann.

Zu prüfen wäre, ob diese menschliche Fähigkeit auch für den Menschen selbst entwicklungsfähig ist: so dass aus derselben Geisteshaltung heraus, aber mit Hilfe einer gewissen

Verstärkung nicht nur Irrtum in Wahrheit, sondern auch Krankheit in Gesundheit verwandelt werden könnte. Die Kraftverstärkung wäre möglich, wenn diejenige Kraft, durch die der Engel früher in den Elementen wirkte wie im Wasser des Sees Bethesda, nun vom Menschen übernommen oder hervorgebracht werden und in der eigenen ätherisch-elementarischen Organisation wirken könnte. Damit wäre ein doppeltes Heilungsprinzip gegeben: Die geistigen Heilungskräfte des Menschen, durch Irrtum Wahrheit finden zu können, würden in den Bereich des Engels einziehen, und die starken Kraftwirkungen des Engels, die die Elemente verändern und Gesundheit herbeiführen können, wären dem Menschen zugänglich.

Die nebenstehende Darstellung stammt aus Syrien; sie ist im 6. Jahrhundert entstanden. Es handelt sich dabei um einen Ausschnitt aus einem größeren Bild des Codex Rossanensis.[54] Christus wird als der barmherzige Samariter dargestellt und heilt den kranken oder verletzten Menschen. Dieser liegt unbekleidet auf der Erde, sich mit den Armen auf eine Art Stein stützend. Ein Engel hilft, Christus dienend. Christus beugt sich so weit hinunter, dass sein Oberkörper in der Waagerechten erscheint; der Engel ist nur leicht gebeugt. Er nähert sich dem Kranken nicht so weit wie Christus; seine Füße sind nicht erkennbar. Christus steht fest auf der Erde, trotz seines himmlisch-goldenen Übergewandes und des großen Heiligenscheins. Die Engelfigur wird durch ihre Armhaltung in die Waagerechte gebracht. Die Körperhaltung Christi und die Armhaltung des Engels bilden fast eine Parallele zu der liegend waagerechten Haltung des Verletzten oder Kranken; dieser erscheint dadurch wie abgeschirmt: nach oben durch Christi Oberkörper und die Arme des Engels, nach vorne durch Christi Beine, nach «hinten» durch diejenigen des Engels.

Der Engel blickt nicht auf den Kranken, sondern zu Christus hin. Auch seine Armbewegung, mit der er eine Goldschale hält und zur Verfügung stellt, bezieht sich nicht direkt auf den Kranken, sondern auf Christus. Christus dagegen berührt mit seinen auffälligen Händen den Kranken, sein Blick ist auf ihn gerichtet, die Körperbewegung ebenfalls. Hände, Blick und Körperbewegung wenden sich sogar mit einer außerordentlichen Eindringlichkeit dem am Boden liegenden Menschen zu. Demgegenüber bleibt der Engel distanziert: er kann nicht vollbringen, was Christus auf der Erde dem Menschen gegenüber vollbringt, aber er kann Christus dienen und dadurch dem Menschen helfen. So entsteht eine eigentümliche Bewegungsdynamik in dem Bild: Von dem Heiligenschein bzw. dem Kopf und dem oberen Flügelteil des Engels geht die Bewegung über die halbmondförmige Schale zu Christus; über dessen Glorie und Kopf wird sie in sein Obergewand weitergeleitet, gelangt so mit seinen Füßen zur Erde, wird von dort über den Boden bzw. den liegenden Kranken wieder zum Engel geführt und dort von dessen weißem Gewand bzw. dem unteren Flügelteil aufgenommen und in den oberen Bereich des Engels geleitet. Diese einrahmende Bewegung wird begleitet von einer Dynamik, die rechts an dem Faltenwurf des Engelgewandes in der Nähe von dessen Schulter beginnt und sich über das Tuch fortsetzt, das der Engel über den Kranken hält; dem Tuch entsprechen die Arme und Hände des Christus, die direkt auf den Kranken gerichtet sind und trotzdem nicht an ihm, sondern gerade noch über ihm tätig werden.

Der Mensch hat in verschiedenen Brauntönen die Farbe der Erde. Christus trägt ein tiefblaues Untergewand, das mit dem blauen Innenteil der Engelflügel korrespondiert. Das Obergewand Christi ist golden wie die beiden großen Glorien und der Inhalt der Schale, die der Engel hält. Das Gewand des Engels schimmert hellblau-weiß und erinnert an die ätherische Farbgebung des Wassers. Diejenigen Kräfte sind die heilenden, die in dem wässrigen Elementargeschehen sich naturhaft darstellen, im menschlichen Leib den gesunden Organzusammenhang und die (flüssigen) Funktionsabläufe hervorbringen und regenerieren. Diese Kräfte haben aber neben der natürlich-elementarischen auch eine geistige Seite. Diese ist offenbar in dem Inhalt der Schale angedeutet: Der Trank oder die Flüssigkeit der Genesung als Schaleninhalt trägt die goldene

Farbe des Geistes wie die beiden Glorien und das Gewand Christi. Dass in dem Obergewand Christi das Gold des Geistes nahe an die Oberfläche der Erde kommt, zeigt, dass in Christus ein hohes Geistwesen Mensch und irdisch geworden ist. Auch in seinem Heiligenschein nähert sich Christus der Erde viel stärker an als der Engel. Dieser erreicht lediglich mit der von ihm dargebotenen Flüssigkeit der Gesundung die Kopfhöhe des Christus, kommt aber nicht so nah wie die Geistigkeit Christi (in dessen Gewand anschaubar) an die Erde heran. Auch die von dem bläulich-weißen Tuch bzw. Gewand verhüllten Hände des Engels bleiben deutlich oberhalb der Hände Christi, erreichen also nicht das «niedrige» Niveau des verletzten Menschen oder der Erde. Man könnte fast den Eindruck gewinnen, dass der tief zur Erde herabreichende innere Teil des Engelflügels elementarisch-irdisches Wasser nach oben, also in den ätherisch-geistigen Kraftbereich geleiten wird. Das Wasser würde sich dann in dem ätherisch-wässrigen Gewand des Engels vergeistigen und in rein geistiger Kraft in dem Gold der Schale erscheinen.

So würde der Engel die vergeistigte Elementarkraft des Wassers, die ätherische Kraft der Heilung Christus dienend darbieten und dem Menschen damit helfen können, aber nur, wenn diese vergeistigte oder ätherisierte Kraft des Elementes von Christus selbst durch dessen menschliche, sich selbst erniedrigende Zuwendung übertragen wird. Der Engel steht für die Seite des wässrigen Elementes und seiner ätherisierenden Vergeistigung bis hin zu dem reinen Geist der Engelglorie und des Inhalts der Schale; Christus steht für das Menschwerden, für das Irdischwerden des reinen Geistes, der Logos-Kraft. Die geistige Seite der Elementarkraft, der Engel, und der Fleisch gewordene Logos können die Heilung des kranken oder verletzten Menschen bewirken.

Der am Boden liegende Mensch, mit seinem Leib der Erde angehörend, befindet sich zwischen der Logos-Kraft Christi und der ätherisch-elementaren Kraft des Engels. Das Gesicht des Christus zeigt ichhafte Züge in der Zuwendung zum Menschen, in dem Blick der Augen, in dem Ausdruck des Mundes. Der Engel dagegen bleibt in seinem Gesicht weniger konturiert, seine Zuwendung zum Menschen ist eher zurückhaltend (wenn auch nicht unbedingt weniger intensiv). So befindet sich der Mensch zwischen der eigentlichen ich-bewirkenden Kraft, dem Logos, und der Elementarkraft, die ihrerseits eine Ursache im hierarchischen Bereich besitzt, in der Mischung der Elemente Erde, Wasser, Luft und Feuer. Aber die Elementarkraft wird auch irdisch und durchzieht die Form des menschlichen Leibes. Der Mensch kann genesen und auferstehen, wenn es gelingt, dass sich in ihm Ich-Kraft und die ätherisierte Elementarkraft verbinden. In dieser Perspektive liegt in dem beschriebenen Bild eine ähnliche Aussage wie in der Erzählung von der Heilung am See Bethesda: Die neue Heilung besteht darin, dass die ätherisch-elementaren Kräfte nicht unmittelbar durch den Engel zur Wirkung gebracht werden, sondern sich durch die Vermittlung Christi mit der Ich-Kraft verbinden und durch sie auf den Menschen wirken können.

Mit dem Inhalt der Schale offeriert der Engel einen Geistgehalt, mit dem Tuch oder seinem Gewand etwas von sich selbst, diejenige Kraft, die als das ätherisierte Wasser in seinem Gewand erscheint. Geist und Kraft verbinden sich im Engel, hier zur Heilung des an seinem Organismus leidenden oder verletzten Menschen (deshalb auch die Konzentration auf die Ätherkräfte des Wassers). Das logos- oder christus-bewirkte Ich des Menschen hat als geistige Wesenheit einen unmittelbaren Erdenbezug; die geistige Wesenheit des Engels wird dagegen nicht direkt irdisch, sondern wirkt bis in den Kräftezusammenhang der Elementarwelt. Wenn es dem Menschen gelingt, beide Seiten zu verbinden, kann er gesund werden.

Der Mensch, wie er dort liegt, ist nicht wie tot; er stützt sich noch auf den Stein, also auf die mineralische Welt, er blickt mit offenen Augen zur Erde und wartet darauf, dass ihn die Ich-Kraft heilt und erlöst. Dies kann der Ich-Kraft gelingen, wenn durch sie die geistige Seite der Elementarkraft, vom Engel repräsentiert, auf den Menschen übergeleitet werden kann. Denn der Engel kann unmittelbar nicht helfen, weil er nicht nah genug an den irdischen Menschen heranreicht. Andererseits reichen die irdisch-elementarischen Kräfte des Wassers nicht aus, um den menschlichen Leib- und Seelenorganismus genesen zu lassen. Der geistige Trank, den der Engel in der Schale reicht, dazu die ätherisch-elementarische Kraft, die er in dem Tuch bzw. Gewand darbietet, können dem Menschen jetzt mit Hilfe der Ich-Kraft vermittelt werden. Das war früher, bevor Christus kam und zur Ursache der Ich-Kraft wurde, nicht möglich.

In gewisser Hinsicht gliedert die Abbildung die neue Wesenheit des Menschen in drei Gestalten: in die heilende und aufrichtende Ich-Wirkung, den aufzurichtenden und zu heilenden erdverbundenen Menschen und in den geistig-elementaren Zusammenhang, den die Engelgestalt repräsentiert. Der neue Mensch verbindet die drei Bestandteile in sich; durch Christus ist er in die Lage versetzt worden, den Trank des Lebens zu trinken. Dieser Trank des Lebens wird vom Engel gereicht, d.h. von der inneren Verbindung von geistiger und elementarer Kraft.

Christus-Kraft befähigt den Menschen, Geistselbst auszubilden und damit die Grundlagen der eigenen Existenz nach und nach in die Eigenverantwortung zu übernehmen. Damit beginnt der Aufbau der Zukunftswelt, des Neuen

Jerusalem. Für den Engel und alle höheren hierarchischen Ordnungen bedeutet dieser Schritt, dass eine einzigartige Fähigkeit des Erdenmenschen in den geistigen Kosmos einzieht: aus Irrtum Wahrheit zu schaffen, in der freien Urteilsbildung die Ursache allen Übels, die Unwahrheit, zu überwinden. Indem der Mensch Geistselbst ausbildet und damit die geistige Ebene des Engels erreicht, wird diese menschliche Fähigkeit zur Grundlage des zukünftigen Kosmos und zum Entwicklungsferment der Hierarchien.

Im nun folgenden letzten Teil unserer Darstellung sollen die beschriebenen Zusammenhänge anhand von Textzeugnissen dokumentiert werden.

DER ENGEL IM ZEUGNIS DES MENSCHEN

Aus dem Philippus-Evangelium
Du sahst den Geist und wurdest zu Geist

Nicht so, wie der Mensch, wenn er in der Welt ist, die Sonne sieht, ohne Sonne zu sein, und den Himmel, die Erde und alle übrigen Dinge sieht, ohne jene zu sein, verhält es sich in der Wahrheit. Sondern du sahst etwas von jenem Ort und wurdest zu jenem. Du sahst den Geist und wurdest zu Geist. Du sahst Christus und wurdest zu Christus. Du sahst den Vater und wirst zum Vater werden. Deswegen siehst du hier zwar jedes Ding und findest dich selbst nicht. Du siehst dich aber dort. Was du nämlich siehst, wirst du.[55]

Damit ist diejenige Sphäre der Wahrheit beschrieben, in der der Engel existiert: das Leben im Geistselbst. Die Kraftwirkung des Engels wird verständlich, wenn man sich verdeutlicht, dass hier Wahrnehmung, Begriff und Gegenstand sich in einem anderen Verhältnis untereinander befinden als in der Welt der Sinneserfahrung. Im Geistselbst verbinden sich Selbsterkenntnis und Welterkenntnis: *Mein* Erleben der *Welt* wird im erkennenden Bewusstsein aussagefähig über mich selbst; die Wirkung der *Welt* in *mir* bringt *meine* Erlebensweisen hervor, die ich mir wiederum bewusst machen kann.

Der Engel Eleleth

Der Engel kam aus dem Himmel herab … Er sagte: «Ich bin Eleleth, die Weisheit, der große Engel, derjenige, der vor dem Heiligen Geist steht. Ich wurde ausgesandt, um mit dir zu sprechen und dich aus der Hand dieser Gesetzlosen zu retten. Und ich werde dich über das ihrige belehren.» Die Kraft jenes Engels aber werde ich nicht beschreiben können; seine Gestalt glich dem geläuterten Gold, und sein Gewand glich dem Schnee. Denn mein Mund wird es nicht ertragen können, dass ich seine Kraft und das Aussehen seines Antlitzes beschreibe. Eleleth, der große Engel, sagte zu mir: «Ich bin», sagte er, «die Weisheit. Ich bin eines von den vier Lichtern, die vor dem großen, unsichtbaren Geist stehen.»[56]

Der große Engel Eleleth spricht weiter: *«Du gehörst mit deinen Kindern zu dem Vater, der von Anfang an existiert. Ihre Seelen kamen von oben aus dem unvergänglichen Licht. Deswegen werden sich die Mächte ihnen nicht nähern können, wegen des Geistes der Wahrheit, der in ihnen wohnt. Alle aber, die diesen Weg erkannt haben, sind unsterblich inmitten der sterblichen Menschen.» … Ich aber sagte: «Herr, wie lange Zeit noch?» Er sagte: « Dies tritt ein, wenn der wahrhaftige Mensch sich in einem Gebilde offenbart. Der Geist der Wahrheit, den der Vater ihnen gesandt hat, der wird sie über alles belehren und wird sie mit der Salbung des ewigen Lebens salben … Dann werden sie das blinde Denken ablegen, den Tod der Mächte zu Boden treten und in das grenzenlose Licht aufsteigen …»*[57]

Der Engel Eleleth spricht zu einem Menschen und verwendet dabei mehrfach Ich-bin-Formulierungen. Er stellt sich vor, er belehrt den Menschen und charakterisiert sich selbst dabei in der Ich-Form als geistige Individualität. Von

Bedeutung ist, dass in dem Moment, in dem der Engel auftritt und sich als Ich-Wesen darstellt, auch der Mensch, zu dem er spricht, in der Ich-Form zu reden beginnt – zuvor war der Text in der Erzählform gehalten, und die handelnden Menschen traten in der dritten Person auf: Die geistige Individualität des Engels weckt und provoziert die Ich-Individualität des Menschen!

Das Gespräch zwischen Engel und Mensch ist einer frühchristlichen anonymen Schrift in koptischer Sprache entnommen; der Text (als Verschriftlichung einer älteren mündlichen Überlieferung) ist vermutlich um das Jahr 400 nach Christus entstanden und zeigt eine gnostische Grundhaltung. Der Titel der Schrift lautet: «Das Wesen der Archonten»; damit sind hierarchische Gegenmächte gemeint, die den Menschen bedrohen. Der Engel Eleleth versichert, dass diese Mächte unter bestimmten Voraussetzungen dem Menschen nicht schaden können. Der «Geist der Wahrheit» schirmt den Menschen gegen die Archonten ab; wer den Weg der Wahrheit kennt, wird «unsterblich inmitten der sterblichen Menschen», gewinnt also schon auf der Erde Anteil an geistiger Existenz. Der «wahrhaftige Mensch» muss sich zeigen, dann tritt die hier beschriebene Wirklichkeit ein; diese ist dadurch charakterisiert, dass das «blinde Denken» und dadurch der Tod überwunden wird. Der Engel Eleleth spricht also eine Situation an, in der der Mensch sich in seinem Verhältnis zur Wahrheit als der wesenhafte Mensch zeigt und zu einer Geistestätigkeit gelangt, die als sehendes Denken bezeichnet werden könnte.

Origenes
Wer den Engel bemerkt

Um von anderen wahrgenommen zu werden, tun die körperlichen und sinnenlosen Dinge selber nichts, sondern, ob sie es wollen oder nicht, sobald andere nur ihre Augen auf sie richten, so sehen sie, worauf sie Blick und Betrachtung gewandt haben. Denn was könnte der Mensch oder ein anderes Wesen, das von einem groben Körper eingeschlossen ist, tun, um nicht deutlich gesehen zu werden, wenn er nun einmal gegenwärtig ist? Höhere und göttliche Wesen können im Gegensatz dazu nicht gesehen werden, auch wenn sie gegenwärtig sind, es sei denn, sie wollen es selbst; und es liegt in ihrem Willen, sich sehen zu lassen oder nicht. …

Das aber gilt nicht nur für Gott den Vater, sondern auch für unseren Herrn und Heiland und für den Heiligen Geist und, um zu geringeren Wesen zu kommen, für Cherubim und Seraphim. Es wäre nämlich möglich, dass auch uns, die wir gerade sprechen, ein Engel zur Seite steht und wir ihn dennoch nicht sehen können, weil wir es nicht verdienen. Denn obgleich das Auge unseres Leibes oder unserer Seele mit aller Anstrengung hinblickt, unser Verlangen zu sehen wird nicht erfüllt, es sei denn, der Engel erscheint aus eigenem Willen und gibt sich zu sehen. …

Und das behaupten wir nicht nur für die «gegenwärtige Welt» (Galater 1,4), sondern auch für die künftige, wenn wir aus dieser Welt ausgezogen sein werden: Gott und die Engel werden nicht allen erscheinen, so als ob derjenige, der aus dem Leibe ausgegangen ist, sogleich ganz selbstverständlich einen Anspruch darauf hätte, die Engel, den Heiligen Geist, unseren Herrn und Heiland und Gott den Vater selbst zu sehen: sehen wird vielmehr nur der, der ein reines Herz hat und sich der Schau Gottes würdig erweist. Mögen sie an demselben Ort weilen, der, dessen Herz rein ist, und der, der noch immer von Schmutz befleckt ist, der Aufenthalt an einem und demselben Ort wird keinen Nachteil oder Vorteil bringen; denn wer ein reines Herz hat, wird Gott schauen, wer aber nicht, wird, was der andere klar erkennt, nicht sehen.[58]

Die geistige Welt ist nicht hier und nicht dort; sie kann gegenwärtig sein, ohne dass sie bemerkt wird. Wer ein «reines Herz hat», dem können sich die geistigen Wesen zeigen, sofern sie es wollen. Offenbar hängt dieser Wille, dem Menschen offenbar zu werden, von dessen eigenen Voraussetzungen ab. Das «reine Herz» ist eine Eigenschaft, die die Fähigkeit umschließt, Gedanken zu bilden, die gefühlsfähig sind, und in Gefühlen zu leben, die Bewusstseins- bzw. Gedankenfähigkeit besitzen.

Der Vollstrecker

Der Vollstrecker wiederholt seine Forderung. Ich widerstehe ihm. Denn ich weiß, dass er, wenn ich nichts schulde, keine Macht über mich hat. Wenn ich dagegen etwas schulde, dann «schickt» mich mein «Vollstrecker» «in den Kerker» in der Abfolge, von der vorher die Rede war. Mein «Widersacher» nämlich bringt mich zum «Fürsten», der «Fürst» überliefert mich dem «Richter», der «Richter» dem «Vollstrecker», der «Vollstrecker» wirft mich in den Kerker. Welches Gesetz herrscht in diesem Kerker? Ich komme nicht heraus, und mein «Vollstrecker» lässt mich nicht herausgehen, es sei denn, ich habe meine Schuld vollständig bezahlt. Der «Vollstrecker» hat keine Gewalt, mir auch nur einen Kreuzer und den kleinsten Teil nachzulassen; denn es gibt nur einen einzigen, der den Schuldnern, die nichts haben, womit sie zahlen können, Nachlass gewähren kann.[59]

Hier handelt es sich um eine Auslegung von Lukas 12,58/59: «Während du noch mit deinem Widersacher zum Fürsten unterwegs bist, bemühe dich, auf dem Wege von ihm loszukommen, damit er dich nicht vor den Richter schleppe und der Richter dich dem Vollstrecker überantworte und der Vollstrecker dich in den Kerker werfe. Ich sage dir: Du wirst von dort nicht herauskommen, bis du auch den letzten Kreuzer bezahlt hast.»[60] Origenes deutet in seiner ausführlichen Darstellung mehrfach an, dass er die Textstelle als Aussage über hierarchische Gegenmächte versteht. Der «Widersacher» kann durchaus als Doppelgängerwesen des Menschen aufgefasst werden; dieser Doppelgänger, der vom Menschen selbst geistig negativ qualifizierte ehemalige Schutzengel, bringt den Menschen in eine problematische geistige Konsequenz und damit in eine Abhängigkeit von weiteren geistigen Ordnungen, die als «Vollstrecker», «Fürst» etc. bezeichnet werden. Nur Christus ist in der Lage, dem Menschen aus diesem geistigen Wirkungszusammenhang zu befreien.

Die Hierarchien dienen der irdischen Entwicklung des Menschen

Wenn dem so ist, sind nicht nur jene Seelen von droben herabgestiegen, die durch die Verschiedenartigkeit ihrer Bewegungen einen solchen Abstieg verdient haben, sondern auch die, die zum Dienst am Weltganzen von dem Höheren, Unsichtbaren zu diesem Niederen und Sichtbaren herabgesandt wurden, wenn auch ohne ihren Willen. «Denn die Schöpfung ist unterworfen der Eitelkeit ohne ihren Willen, sondern um deswillen, der sie unterworfen hat, auf Hoffnung» (Römer 8,20). Sonne, Mond und Sterne und die Engel Gottes sollten der Welt ihren Dienst leisten und jenen Seelen, die wegen der großen Mängel ihrer Intelligenz der dichten und festen irdischen Körper bedurften; und um derer willen, die solches nötig hatten, wurde diese sichtbare Welt eingerichtet. … Die Hoffnung auf Befreiung hegt ja die gesamte Schöpfung, auf Befreiung von dem «Dienst der Vergänglichkeit» (vgl. Römer 8,21) … Die Welt aber, so muss man annehmen, ist in solcher Beschaffenheit und Größe geschaffen, dass sie all die Seelen fasste, die in diese Welt hineingestellt wurden, um geprüft zu werden, und auch all die Mächte, die dazu da sind, um ihnen beizustehen, sie zu lenken und zu fördern. Denn dass alle Vernunftgeschöpfe eines Wesens sind, ergibt sich aus vielen Beweisen; nur unter dieser Voraussetzung lässt sich Gottes Gerechtigkeit bei all seinen Verfügungen über sie verteidigen; denn dann hat ein jedes (Vernunftgeschöpf) in sich selbst die Ursache dafür, dass es in diesen oder jenen Rang des Lebens eingeordnet wird.[61]

Die Hierarchienlehre des Origenes ist sehr differenziert und in der christlichen Theologie von Anfang an kritisch gesehen worden. Origenes entwickelt im dritten nachchristlichen Jahrhundert eine Anschauung von geistigen Wesen (Vernunftgeschöpfen), die in einem Entwicklungszusammenhang mit dem Menschen und der Welt stehen. Geistige Wesen können Auf- und Abstiege durchmachen, auch in den Stand der Dämonen; sie unterliegen der Notwendigkeit, von Christus befreit zu werden. Eine zu enge Verbindung mit der Sinneswelt kann die Wirkung von problematischen Willensausrichtungen bei geistigen Wesen sein, «die wegen eines Mangels ihrer Intelligenz eingekörpert zu werden verdienten» und die «von der Begier nach dem Sichtbaren hingerissen wurden»[62]. Auch diesen geistigen Wesen, seien es Menschen oder frühere Engel, soll aufgrund göttlicher Anordnung geholfen werden. Deshalb werden andere geistige Wesen «mit Willen oder wider Willen den zu diesem Zustand Herabgesunkenen gewisse Dienste zu leisten genötigt».[63] Alle geistigen Wesen befinden sich aufgrund eines freien Willensentschlusses in demjenigen Stand, der ihnen gegenwärtig zukommt; aus diesen «Bewegungen» geistiger Wesen ergibt sich die Weiterentwicklung der Welt. «Es folgt hieraus, dass in Folge der verschiedenen Bewegungen auch verschiedene Welten geschaffen werden, und dass es nach dieser Welt, in der wir leben, eine andere von ganz anderer Art geben wird.»[64]

Die Hierarchienanschauung des Origenes war ihrer Zeit sicherlich weit voraus; eine wirkliche Aufarbeitung und ein kongeniales Verständnis stehen auch nach 1800 Jahren noch aus. Welche Dimensionen geistiger Entwicklung Origenes berührt hat, wird beispielsweise in der Verurteilung seiner Lehren aus dem Jahr 543 deutlich. Hier heißt es u.a.: «Wenn einer sagt oder dafürhält, die Seelen der Menschen seien präexistent gewesen, insofern sie früher Intelligenzen und heilige Mächte gewesen seien; es habe sie aber Überdruss ergriffen an der Schau Gottes und sie hätten sich zum Schlechteren gewendet; darum seien sie abgekühlt von der Liebe zu Gott, hätten davon den Namen ‹Seelen› bekommen und seien zur Strafe in Körper hinabgeschickt worden – so sei er im Banne.

Wenn einer sagt oder dafürhält, der Gott-Logos sei allen himmlischen Ordnungen gleich geworden, indem er für die Cherubim ein Cherubim und für die Seraphim ein Seraphim wurde und schlechthin allen Mächten in der Höhe gleich wurde – so sei er im Banne …

Wenn einer sagt oder dafürhält, der Himmel, die Sonne, der Mond, die Sterne und die Wasser über den Himmeln seien beseelte und vernünftige Mächte – so sei er im Banne. …»[65]

Diese Aussagen des Verurteilungsdekrets geben die Entwicklungsdimensionen der Hierarchienanschauung des

Origenes zu erkennen, selbst wenn einige der angeführten Aspekte Origenes lediglich unterstellt worden sind. Die Lehre vom Menschen, von den Hierarchien, von den Dämonen, von Planetenseelen, aber auch von der Christus-Wirksamkeit erhalten bei Origenes einen gewaltigen Zusammenhang, der geisteswissenschaftlich erst noch zu erhellen ist. Dieser Zusammenhang deutet sich auch in der Lehrverurteilung an, die zehn Jahre später erfolgt ist: «Wenn einer sagt: Aus dem Stand der Engel und Erzengel entstehe der Stand der Seelen, aus der Seele dann der Stand der Dämonen; und jede Ordnung der himmlischen Mächte sei entweder ganz aus den höheren oder aus den niederen (Wesen) entstanden oder aber aus den höheren und den niederen – so sei er im Banne.»[66] – In einem der überlieferten Fragmente von Origenes' Auslegung des Johannes-Evangeliums heißt es: « ‹Jetzt ergeht das Gericht über diese Welt› (Johannes 12,31). Das Leiden am Kreuz war das Gericht über diese gesamte Welt, denn ‹da er durch das Blut seines Kreuzes Frieden herstellte sowohl für die irdische wie für die himmlische Welt› (Kolosser-Brief 1,20) und nachdem er ‹am Kreuze triumphierend, die Herrschaften und Mächte entwaffnet hatte› (Kolosser-Brief 2,15; gemeint sind die entsprechenden hierarchischen Ordnungen), setzte er sich im Himmel nieder und führte jegliches der einem jeden entsprechenden und eigenen Vollendung zu.»[67] Christus stürzt also die alte hierarchische Ordnung des Kosmos und gibt den geistigen Wesenheiten eine neue Bestimmung.

Dionysius Areopagita
Die Hierarchien des Himmels

Hierarchie ist meines Erachtens eine geheiligte Ordnung, Wissenschaft und Wirksamkeit, sich Gottes Art so gut wie möglich angleichend und, entsprechend den ihr von Gott her eingegebenen Erleuchtungen, nach dem jeweiligen Verhältnis sich zur nachahmenden Darstellung Gottes erhebend. Die Gott gemäße Schönheit allerdings geht als solche grundsätzlich keine Verbindung mit etwas ihr Ungleichartigem ein, weil sie unteilbare Einheit, Zielwert und Ursache der Vollkommenheit ist, wohl aber gewährt sie jedem an ihrem eigenen Licht Anteil, wie es ihm zukommt, und führt in einer Weihehandlung, die die göttliche ist, die in der Weihe Begriffenen in dem Maß zur Vollendung, wie sie sich in Harmonie mit dem Ganzen ohne Abweichung auf sie hin haben bilden lassen.

Zweck der Hierarchie ist demnach: Angleichung an Gott so gut wie möglich und Einswerdung mit ihm als Führer und Geleiter zu jeder Art geheiligter Wissenschaft und Wirksamkeit in stetem Hinblick auf seine (reinste) göttliche Schönheit, von dieser sich prägen zu lassen so weit wie möglich und das Gefolge der dieser Nachgehenden zu prächtigen Bildern Gottes, zu klaren und fleckenlosen Spiegeln (vgl. Weish 7,26) zu vervollkommnen, die den Strahl vom Quell des Lichts, vom Gottesprinzip, aufnehmen, sich von dem verliehenen Glanz in geheiligter Weise erfüllen lassen und ihn vorbehaltlos auf das Nachgeordnete ausstrahlen, wie es das Gottesprinzip bestimmt …

Denn für jeden an der Hierarchie Beteiligten bedeutet Vervollkommnung: zu einer nachahmenden Darstellung Gottes aufzusteigen im Rahmen der Möglichkeiten des jeweiligen Standes und, was ja göttlicher als alles ist, «Gottes Mitarbeiter» (1. Korinther 3.9) zu werden, wie die WORTE sagen, und die göttliche Wirkung an sich offenbar werden zu lassen so weit wie möglich. Das heißt: Da es Ordnung der Hierarchie ist, dass die einen gereinigt werden, die andern reinigen, die einen die Erleuchtung bekommen, die andern die Erleuchtung vermitteln, die einen in den Stand der Vollendung eingeführt werden, die andern diesen Stand bewirken, wird zu jedem seine Art der Nachahmung Gottes passen …[68]

Also haben die Gliederungen der himmlischen Wesen in einem höheren Grad als die leblosen Wesen, die vernunftlosen Wesen und die mit unserer Art von Verstand begabten Wesen an den Gaben des Gottesprinzips teilbekommen. In der Art von Denkgegenständen nämlich bilden sie sich zur nachahmenden Darstellung Gottes und schauen in einer den innerweltlichen Verstand übertreffenden Weise auf ihre Entsprechung zum Gottesprinzip und trachten, nach ihm die Gestalt ihres Denkens zu bilden. Infolgedessen haben sie verständlicherweise reichlichere Gemeinschaft mit ihm, sind ihm zugewandt und streben immerdar nach oben, wie es ihnen bestimmt ist, in Anspannung ihres göttlichen und unabwendbaren Dranges, und nehmen die vom Ursprung ausgehenden Erleuchtungen rein und ohne materielle Beimischung an und richten sich nach diesen aus. Ihr ganzes Leben ist Denken.[69]

Uns ist es nämlich nicht möglich, die Geheimnisse der Gedanken jenseits des Himmels zu kennen und wie sie zur hochheiligen Vollendung zu gelangen, wenn man nicht sagte, was uns durch sie, die das ihnen Eigene gut kennen, das göttliche Prinzip in mystischer Erkenntnis vermittelt hat. Demgemäß werden wir nichts aus eigenem Antrieb sagen, sondern wir werden, soweit es in unseren Kräften steht, vorführen, was die geheiligten Gotteskundigen an Engelsgesichten geschaut und uns in geheimer Tradition weitergegeben haben.

Alle himmlischen Wesen hat die Gotteskunde mit neun ihr Wesen kennzeichnenden Namen benannt. Diese teilt unser gottbegnadeter Mystagoge in drei triadische Gliederungen ein. Und zwar ist die erste, sagte er, die, die immer um Gott steht und direkt an ihn anschließend und vor den andern ohne Vermittlung mit ihm eins geworden ist, wie die Tradition sage. Denn die allerheiligsten Throne und vieläugigen und vielflügligen Abteilungen, die auf Hebräisch Cherubim und Seraphim heißen, stehen, sagt er, in alle andern überragender Nähe unmittelbar rings um Gott, wie die Tradition der geheiligten WORTE offenbare. Diese triadische Gliederung nun als eine Einheit und in sich gleichrangig und wesenhaft erste Hierarchie, meinte unser berühmter Führer und Geleiter, sei die Gott ähnlichste und ursprünglichen Lichtstrahlen des Gottesprinzips am nächsten ohne Vermittlung. Die zweite, sagt er, sei die von den Mächten und Herrschaften und Kräften ausgefüllte, und die dritte im Bereich der letzten der himmlischen Hierarchien sei die der Engel und Erzengel und Prinzipien.[70]

Das Feurige offenbart also, glaube ich, das am meisten Gottähnliche an den himmlischen Gedanken. Die geheiligten Gotteskundigen zeichnen nämlich das Bild des gestaltlosen Seins jenseits des Seins vielfach in der Gestalt des Feuers (vgl. Exodus 3,2 ff; 14,24; 19,18; Deuteronomium 4,24; Jesaja 4,5; 29,6; 30,30), weil es ihrer Meinung nach, soweit das im Medium des Sichtbaren möglich ist, viele Abbildungen der Eigenschaften des Gottesprinzips, wenn man so sagen darf, bietet. Denn das wahrnehmbare Feuer ist sozusagen in allem vorhanden und durchdringt alles, ohne sich damit zu vermischen, und ist von allem getrennt und leuchtet ganz hell und ist zugleich wie verborgen, an sich unerkennbar, wenn nicht Materie vorliegt, an der es seine eigentümliche Wirksamkeit offenbaren kann, nicht zu fassen und nicht zu schauen, kraft seines eigenen Wesens alles bezwingend und das, in das es eindringt, zu seiner eigenen Wirkungsweise verwandelnd, sich selbst mitteilend allem, was irgendwie ihm nahe kommt. Es erneuert durch die Wärme in seiner Glut, erhellt mit seinen unverhüllten Erleuchtungen, ist unbezwinglich, unvermischbar, scheidend, unveränderlich, nach oben strebend, sich schnell bewegend, hoch oben zu Hause, kein zum Niederen ziehendes Nachlassen duldend, ständig in gleicher Weise bewegt, andere bewegend, umfassend, nicht zu umfassen, keines anderen bedürfend, im Verborgenen wachsend, seine eigene Größe je nach den Stoffen, auf die es trifft, offenbarend, aktiv, kräftig, in allem anwesend, unsichtbar (wenn) unbeachtet, scheinbar nicht vorhanden, aber durch Reiben in der ihm eigenen Weise und Natur plötzlich aufleuchtend, wie es bei einer wissenschaftlichen Untersuchung geschieht, und dann unhaltbar überspringend, in allen vollkommen reichlichen Mitteilungen seiner selbst niemals sich mindernd.

Und noch viele Eigenschaften des Feuers könnte man finden als passende Abbilder der Wirksamkeit des Gottesprinzips, soweit das in den Vorstellungen der Sinnenwelt möglich ist. Eben das wissen die Gottesgelehrten und nehmen deshalb ihre bildlichen Darstellungen der himmlischen Seinsstufen vom Feuer und zeigen darin deren Gottähnlichkeit und ihre nachahmende Darstellung Gottes, soweit das möglich ist.

Aber auch menschengestaltig schildern sie die himmlischen Wesen, weil diese denken können und ihre Sehkräfte nach oben richten und eine gerade und aufrechte Haltung haben und von Natur aus zum Herrschen und Leiten bestimmt sind, und weil sie hinsichtlich ihrer Sinne etwa gegenüber den sonstigen Fähigkeiten der vernunftlosen Tiere an letzter Stelle stehen, aber über alle herrschen durch die überlegene Kraft des Denkvermögens und die zwingende

Gewalt der logisch argumentierenden Wissenschaft und gemäß der zur Knechtschaft und Unterwerfung unter eine Gewalt unfähigen Natur der Seele.[71]

Die Dionysius Areopagita zugeschriebenen Werke über die himmlische und die kirchliche Hierarchie sind als schriftliche Texte im 5. Jahrhundert entstanden. Die Überlieferung hat sie geistig im Zusammenhang mit demjenigen Dionysius gesehen, den Paulus nach dem Bericht der Apostelgeschichte (17,34) in Athen getroffen hat. In ihnen laufen platonische und aristotelische Traditionen zusammen; es entsteht eine erkenntnisbezogene Darstellung, die Bedeutung des Denkens hervorhebend, im mehrfach ausdrücklichen Anschluss an die Mysterienüberlieferung und den Einweihungsvorgang.[72] Die Schrift über die himmlische Hierarchie wurde zur Grundlage der christlichen Hierarchiendarstellungen des Mittelalters. Sinn und Wesen der Hierarchie besteht in der Angleichung an Gott und in der Nachahmung Gottes; die verschiedenen hierarchischen Grade reinigen und werden gereinigt, erleuchten und werden erleuchtet. Erkenntnismittel und -prinzip ist ein Denken, in dem Subjekt und Objekt nicht getrennt sind, Erkenntnis und Sein eins werden. In der hierarchischen Ordnung findet jeder Beteiligte denjenigen Weg und Stand der Nachahmung Gottes, der ihm angemessen ist. Die hierarchische Höhe bemisst sich nach der Reinheit des Denkens, so dass es von den himmlischen Wesen heißen kann: «Ihr ganzes Leben ist Denken.»[73]

Der Verfasser der Schrift über die himmlische Hierarchie stellt dar, was ihm selber aus der Mysterienüberlieferung von «geheiligten Gotteskundigen» und insbesondere von dem «gottbegnadeten Mystagogen» übermittelt wurde. Ein Gotteskundiger, der Gewährsmann des Verfassers, ist von einem «heiligen, seligen Engel» geführt und mit einer «geheiligten Schau» eingeweiht worden – bis in die höchsten Manifestationen des Seins, bis zu den höchsten hierarchischen Gliederungen der Seraphim; «wobei der Engel, der das Gesicht [die Schau] gestaltete, dem Gotteskundigen seine eigene geheiligte Erkenntnis nach Kräften mitteilte».[74] Der führende Engel macht dem Gewährsmann deutlich: «… Hierarch und Führer ist nach Gott die Gliederung der ersten Wesen, von denen auch ich gottgemäß in die Reinigung eingeweiht worden bin. Diese also ist es, die durch mich dich reinigt, durch die der Schöpfer und Urheber jeder Reinigung sein eigenes Walten als Vorsehung aus der Verborgenheit herausführt und bis zu uns entfaltet hat.»[75] Gott selber ist demnach der höchste Mystagoge und durch ihn heiligt und reinigt die oberste Hierarchie der Seraphim durch alle Stufen bis zum Menschen.

In dem Werk kommen unterschiedliche, nicht leicht vereinbare Einsichten verschiedener Mystagogen zur Darstellung, so etwa auch eine bestimmte schauende Erkenntnis über die Seraphim. Aber der Verfasser der Schrift wendet sich nach der Mitteilung des ihm Eröffneten an seinen Leser – mit der Aufforderung zur eigenen klaren Urteilsbildung: «Das also war es, was jener mich lehrte. Dir gebe ich es weiter. Es ist nun wohl Sache deines Denk- und Unterscheidungsvermögens, dich entweder mit der einen der gegebenen Erklärungen aus der Aporie zu befreien und diese der anderen vorzuziehen, weil sie die Wahrscheinlichkeit, die Logik oder vielleicht die Wahrheit für sich hat, oder aus dir selbst heraus etwas der eigentlichen Wahrheit näher Verwandtes zu finden oder von einem andern zu lernen – natürlich nur, wenn Gott ‹das Wort verleiht› (Psalm 67,12) und die Engel es vermitteln – und uns Freunden der Engel eine klarere, wenn das möglich ist, und mir noch erwünschtere Sicht zu eröffnen.»[76]

Johannes Scotus Eriugena
Der Engel erscheint im Menschen und der Mensch im Engel

Und zwar haben wir gesagt, dass die Himmlischen, d.h. die Wesenheiten der Engel, auf doppelte Weise im Menschen seien: einmal nämlich sofern sie mit ihm wesensgleicher, d.h. gleichgeistiger und gleichvernünftiger Natur sind, nur dass eben diese irdische Behausung des sterblichen Leibes nach der Sünde hinzukam; sodann aber sofern sie durch gegenseitige Erkenntnis ineinander so enthalten sind, dass sowohl der Engel im Menschen als Mensch, als auch der Mensch im Engel als Engel, durch beiderseitigen Geist verbunden und durch einfache Anschauung gebildet, ins Dasein traten.[77]

Die Bejahung (affirmatio) des Menschen ist nämlich die Verneinung (negatio) des Engels, die Verneinung aber des Menschen ist die Bejahung des Engels, und umgekehrt. –

Bejahung des Menschen
Ein vernünftiges sterbliches Seelenwesen ist der Mensch
Verneinung des Engels
Ein vernünftiges sterbliches Seelenwesen ist der Engel nicht
Verneinung des Menschen
Ein vernünftiges sterbliches Seelenwesen ist der Mensch nicht
Bejahung des Engels
Ein vernünftiges sterbliches Seelenwesen ist der Engel.

Diese vier (Aussagen) bringen umgekehrt vier andere hervor.[78]

Es handelt sich um Textstellen aus der «Einteilung der Natur», von Johannes Scotus Eriugena im 9. Jahrhundert verfasst. Zu der Aussage «Die Bejahung des Menschen ist nämlich die Verneinung des Engels, die Verneinung aber des Menschen ist die Bejahung des Engels, und umgekehrt» hat vermutlich Johannes Scotus selbst die dann folgende Randbemerkung verfasst. Von dem Werk «Über die Einteilung der Natur» ist eine lateinische Handschrift aus dem 9. Jahrhundert erhalten, die auf der Textseite der genannten Aussage die wiedergegebene Randbemerkung enthalt. Dabei handelt es sich um eine Auslegung des Haupttextes – ungewöhnlich und äußerst aussagefähig ist, dass sie mit hoher Wahrscheinlichkeit von dem Verfasser des Haupttextes selbst stammt und auch eigenhändig aufgeschrieben wurde.

Der Mensch als denkendes Geistwesen und der Engel können in ihrer Existenz nicht unabhängig voneinander begriffen werden. Indem der Mensch den Engel erkennt, bringt er auch sich selbst geistig hervor; und indem der Engel den Menschen denkt, gelangt der Engel zu einem geistigen Selbstbewusstsein, das ihn vom Menschen unterscheidet. Das geistige Bewusstsein des Menschen kann nicht ohne geistiges Selbstbewusstsein des Engels und das Bewusstsein des Engels nicht ohne geistiges Selbstbewusstsein des Menschen entstehen. Der Mensch begreift sich durch den Engel als Mensch, und der Engel begreift sich durch den Menschen als Engel. Würde der Mensch nicht durch den Engel von einer übersinnlichen Wirklichkeit Kenntnis erhalten, so könnte er sich seiner selbst als irdisches Wesen nicht bewusst werden. Würde der Engel nicht durch den menschlichen Geist von der irdischen Wirklichkeit Kenntnis erhalten, so könnte er sich seiner eigenen rein geistigen Existenz nicht bewusst werden. Die eine Existenzform kann nur durch die Unterscheidung von der anderen wahrgenommen und begriffen werden. Indem der Mensch den Engel denkt, begreift er sich selbst als Nicht-Engel; indem der Mensch sich selber denkt, begreift er den Engel als Nicht-Menschen. Ebenso gilt die Umkehrung: Indem der Engel den Menschen denkt, begreift er sich selbst als Nicht-Menschen; indem der Engel sich selbst denkt, begreift er den Menschen als Nicht-Engel. – So sind die Randnotizen des Johannes Scotus und diejenige Stelle aufzufassen, auf die sie sich beziehen. Wenn es am Schluss der Randbemerkungen heißt, die vier Aussagen würden vier andere hervorbringen, so ist entsprechend zu ergänzen:

Bejahung des Engels
Ein vernünftiges sterbliches Seelenwesen ist der Engel
Verneinung des Menschen
Ein vernünftiges sterbliches Seelenwesen ist der Mensch nicht
Verneinung des Engels
Ein vernünftiges sterbliches Seelenwesen ist der Engel nicht
Bejahung des Menschen
Ein vernünftiges sterbliches Seelenwesen ist der Mensch.

Bei solchen Aussagen handelt es sich nicht um Gedankenspiele, aber auch nicht um systematische Darstellungen oder gar formelhafte Kasuistik; vielmehr ist eine fast geistig-rhythmische Annäherung an die geistig-persönliche, individuelle und wie im Wechselbild erscheinende Beziehung zwischen Engel und Mensch gemeint. Die Aussagen haben inneren Übungscharakter und sollen im Nachvollzug verdeutlichen, dass Engel und Mensch ihre geistige Entwicklung in Gegenseitigkeit vollziehen und der Mensch als Mensch nicht vom Engel, der Engel als Engel nicht vom Menschen zu trennen ist. Mit anderen Worten: Nur in seiner Beziehung zum Geistwesen des Engels bleibt der Mensch Mensch, und umgekehrt bleibt der Engel nur in seinem Verhältnis zur geistigen Individualität des Menschen Engel. Für diese sensible interindividuelle Situation geistigen Austausches bestand offenbar im 9. Jahrhundert noch eine feine Erlebnisfähigkeit, die Johannes Scotus Eriugena in andeutenden Worten ansprechen wollte.

Anselm von Canterbury
Der Mensch soll die gefallenen Engel ersetzen

A. Noch etwas anderes will ich hinzufügen.

B. Sprich solange, bis es mir zuzuhören Überdruss bereitet.

A. Es steht fest, dass Gott beschlossen hat, aus der menschlichen Natur, die er sündelos geschaffen, die Zahl der gefallenen Engel zu ersetzen.

B. Das glauben wir, doch möchte ich eine Begründung dafür hören …

A. Dass die vernünftige Natur, die durch Gottes Anschauung selig ist oder sein wird, in einer vernunftgemäßen und vollkommenen Zahl – so, dass sie schicklich weder größer noch kleiner sein darf – von Gott vorausgewusst ist, darf man nicht bezweifeln. Denn entweder weiß Gott nicht, in welcher Zahl sie am angemessensten aufgestellt werden muss – was falsch ist ; oder, wenn er es weiß, dann wird er sie in der aufstellen, welche er dafür am angemessensten erkennt. Deshalb wurden entweder jene Engel, die gefallen sind, dazu geschaffen, um in jener Zahl enthalten zu sein, oder sie fielen mit Notwendigkeit, weil sie außer ihr nicht bleiben könnten; was zu denken widersinnig ist.

B. Offene Wahrheit ist, was du sagst.

A. Weil sie also aus jener Zahl sein mussten, ist entweder mit Notwendigkeit ihre Zahl zu ersetzen, oder die vernünftige Natur, welche in vollkommener Zahl vorhergewusst wurde, wird in unvollkommener Zahl bleiben; was nicht sein kann.

B. Sie sind ohne Zweifel zu ersetzen.

A. Also ist es notwendig, dass sie durch die menschliche Natur ersetzt werden, da keine andere da ist, durch die sie es werden könnten.[79]

A. Es steht fest, dass Gott beschlossen hat, aus den Menschen die gefallenen Engel zu ersetzen.

B. Das ist gewiss.

A. Es müssen also in jener himmlischen Stadt die Menschen, die an Stelle der Engel in sie aufgenommen werden, so sein, wie dort die hätten sein sollen, für die sie dort sein werden, das ist wie jetzt die guten Engel sind. Andernfalls werden die gefallenen nicht ersetzt werden, und es wird folgen, dass Gott entweder das begonnene Gute nicht vollenden können wird oder dass es ihn reuen wird, solch Gutes begonnen zu haben; was beides widersinnig ist.

B. Es ist wirklich notwendig, dass die Menschen den guten Engeln gleich seien.

A. Haben die guten Engel jemals gesündigt?

B. Nein.

A. Kannst du dir vorstellen, dass der Mensch, der einmal gesündigt und niemals für die Sünde Gott Genugtuung geleistet hat, sondern nur ungestraft gelassen wird, einem Engel gleich sei, der niemals gesündigt hat?

B. Diese Worte kann ich denken und aussprechen, aber den Sinn kann ich nicht so denken, gleichwie ich nicht denken kann, dass Falsches Wahrheit sei.

A. Also ziemt es sich für Gott nicht, den sündigen Menschen ohne Genugtuung zum Ersatz für die verlorenen Engel aufzunehmen, weil die Wahrheit nicht zulässt, dass er zur Gleichheit mit den Seligen erhoben werde.

B. So beweist es die Vernunft.[80]

Die Schriften des Anselm von Canterbury lassen im 11. Jahrhundert eine frühe Form der Scholastik erkennen. Sie sind in Dialogform verfasst, wodurch sich erkennen lässt, was auch für die spätere «erwachsene» Scholastik gilt: dass die Wahrheitssuche in Gedankenverbindungen ein zwischenmenschliches Ereignis ist. Der Gesprächspartner A repräsentiert den Lehrer Anselm; von ihm wird die Gedankenentwicklung getragen. Die Schrift «Warum Gott Mensch geworden» (Cur deus homo) handelt von der Zukunft der Welt und des Menschen, dem Neuen Jerusalem im Sinne der neutestamentlichen Apokalypse. Diese von Anselm als «Stadt» bezeichnete zukünftige Wirklichkeit, eine Welt des Geistes, umfasst die von Gott geschaffenen Geistwesen; allerdings sind diejenigen Engel, die «gefallen» sind, sich also von Gott abgewendet haben, von dem Bürgerrecht in der Stadt ausgeschlossen. Sie sollen vom Menschen ersetzt werden; er rückt nach, indem er sich geistig die Stellung des Engels erarbeitet (wobei mit dem allgemeinen Begriff Engel der genaue hierarchische Grad nicht bezeichnet ist). Aber der Mensch ist durch die Erbsünde und damit durch die konstitutionelle Verfassung der Gesamtmenschheit nicht in der Lage, diesen Schritt in den Bereich der Hierarchien zu vollziehen. Also musste Christus kommen, um den Menschen zu erlösen und ihn damit für seine geistige Aufgabe in der Zukunftswelt zu befähigen.

Zunächst behandelt Anselm in den wiedergegebenen Passagen ein Problem, das sich aus der Anschauung ergibt, in der ursprünglichen Schöpfung Gottes bestehe keine Unvollkommenheit. Wenn aber aus der vollkommenen Zahl geistiger Wesen einige durch ihren eigenen Willensentschluss herausfallen, so entsteht eine Anzahl von Engelwesen, die unvollkommen ist; daraus folgt, dass eine entsprechende Anzahl neuer geistiger Individualitäten, also des Menschen, an die Stelle der gefallenen Engel zu treten hat. – Es ist auch nicht möglich anzunehmen, Gott habe zu viele Engel geschaffen, damit die vollkommene Zahl erst nach der Abwendung bestimmter Engel erreicht sei – dann hätte Gott den Abfall der Widersacher in sein Schöpfungswerk einbeziehen müssen.

Die Gesprächspartner stellen fest, dass die Menschen der zukünftigen «himmlischen», also geistigen Stadt «den guten Engeln gleich» sein müssen. Aber unter den nicht abgefallenen Engeln gab es keine Sünde, also keine Wendung gegen die göttliche Schöpfungsordnung. Im weiteren Textverlauf folgt die Aussage über die geistige Befähigung des Menschen durch Christus. Es wird deutlich, dass der Mensch in der Lage ist, dem Engel gleich zu werden. Der Mensch ist ein geistiges Wesen, das durch den Irrtum und die Abwendung von Gott hindurch Wahrheit finden kann – mit der Hilfe Christi. Eine solche Wendung ist dem Engel nicht möglich; sein einmal gefasster Willensentschluss gegen die göttliche Schöpfungsordnung wirkt fort. In der Konsequenz dieser Anschauung liegt, obwohl von Anselm nicht explizit ausgesprochen, die Einsicht, dass der Mensch das einzige Geistwesen jener Zukunftsstadt sein wird, das das Gute durch das Böse finden kann. Damit aber kommt dem Menschen für die gesamte geistige Welt eine gewisse Erlösungsaufgabe zu. Denn an seinem Beispiel zeigt sich der Weg zum Heil und zur Wahrheit, der auch durch eine gegenteilige frühere Willensausrichtung nicht verschlossen werden kann – ein Weg, der nur einem Wesen gangbar ist, das auf der Erde und in der Materie existiert und in dieser Sphäre von Christus befreit wird.

Avicenna
Geistige Wesen und Planetenbewegung

Beginnt das Seiende von dem ersten Prinzip des Seins, so reiht es sich in ununterbrochener Kette aneinander an, eine Stufe an die andere, indem die zweite immer niedriger steht als die vorhergehende im Vergleich zum ersten Seienden. So steigen die Stufen immerfort herunter. Die erste Stufe ist die der rein geistigen Engel, die Geister genannt werden. Darauf folgen die Stufen der geistigen Engel, die Seelen genannt werden. Diese sind die wirkenden, tätigen Engel. Darauf folgt die Stufe der himmlischen Körper. Sie verhält sich so, dass der eine Körper immer vollkommener ist als der andere (von der Umgebungssphäre an gerechnet bis zur Mondsphäre), bis man zu dem letzten hingelangt. Später als diese Körper «beginnt» die Materie, die aufnahmefähig ist für die Wesensformen, die entstehen und vergehen. Zuerst umkleidet sie sich mit der Wesensform der Elemente; dann steigt sie langsam, Schritt für Schritt, auf. Das erste Seiende, das in der Materie besteht, ist niedriger und unvollkommener in seiner Seinsstufe als dasjenige, was auf dieses erste folgt. Am niedrigsten steht in ihm die Materie. Darauf folgen die Elemente, dann die zusammengesetzten, festen Körper, dann die Pflanzen. Das vollkommenste Lebewesen ist der Mensch. Auf ihn folgen die Tiere und dann die Pflanzen. Der vollkommenste Mensch ist aber derjenige, dessen Seele zugleich mit ethischen Eigenschaften ausgestattet ist, die praktische Tugenden sind.[81]

Daher besitzt also jede Sphäre einen unkörperlichen, für sich bestehenden Geist, der sich zu ihrer Seele verhält, wie der aktive Intellekt zu unserer Seele. Er verhält sich wie ein universelles und geistiges Vorbild (Modell) zu der Art der Tätigkeit der Sphäre. Das andere aber sucht sich ihm zu verähnlichen.

Kurz, jede sich bewegende Sphäre muss ein geistiges Ziel erstreben, und dieses Ziel stammt her von einem geistigen Prinzipe, das das erste Gute, die Gottheit, erfasst. Die Substanz des geistigen Prinzipes ist unkörperlich. Du hast bereits gesehen, dass alles, was begrifflich denken kann, seinem Wesen nach eine unkörperliche Substanz ist (und von der

Materie getrennt besteht). Ferner muss jedes sich Bewegende und jede sich bewegende Sphäre ein Prinzip für die körperliche Bewegung haben, d.h. etwas, das zur körperlichen Natur hinführt (und mit ihr in Kontakt steht). Du hast bereits gesehen, dass die Bewegung der himmlischen Sphäre eine auf einem seelischen Prinzip beruhende ist, die von einer himmlischen Seele ausgeht. Diese ist tätig, indem sie sich nach freier Wahl entschließt und immer wieder neue Willensentschlüsse in kontinuierlicher Kette hervorbringt, indem das eine sich an das andere anschließt.

Die Zahl der reinen Geister, die auf das erste Seiende folgen, ist also bestimmt durch die Zahl der Bewegungen. Wenn daher das erste Prinzip, das in den himmlischen, räumlich ausgedehnten Sphären vorhanden ist und die Bewegung der Sphäre jedes einzelnen Sternes hervorbringt, eine Kraft ist, die von den Sternen selbst ausströmt, dann ist es nicht ausgeschlossen, dass die Zahl der geistigen Substanzen zu bemessen ist nach der Zahl der Sterne, die ihnen zugeordnet sind, nicht nur nach der Zahl der Sphären.

Die Zahl der Sphären ist abgesehen von dem ersten Seienden zehn. Der erste Geist ist der Geist, der bewegt, ohne dass er bewegt wird. Seine Bewegung und seine bewegende Tätigkeit erstreckt sich auf die Umgebungssphäre. Auf ihn folgt derjenige Geist, der dem ersten ähnlich ist und der mit der Sphäre der Fixsterne verbunden ist. Darauf folgt ein weiterer, ihm ähnlicher, der zur Sphäre des Saturn gehört. So geht die Reihenfolge weiter, bis sie zu dem Verstande hingelangt, der die geistigen Inhalte auf unsere Seelen ausströmen lässt. Dieser ist der Geist der irdischen Welt. Wir nennen ihn den aktiven Intellekt.[82]

Die medizinischen Erkenntnisse des Avicenna (980 – 1037) waren bis zum Beginn des 19. Jahrhunderts Lehrinhalt der europäischen Universitäten. In der Philosophie verknüpfte der arabische Philosoph Avicenna die Lehre des Aristoteles mit dem Neuplatonismus; dies kommt auch in den hier wiedergegebenen Abschnitten zu den geistigen Hierarchien und zur Planetenbewegung zum Ausdruck.

Die höchste Stufe der Wesenheiten ist rein geistig, dann folgen die Geist-Seelen der Engel. Letztere bewirken die Bewegung der Planeten, deshalb sind sie «tätig». Die Himmelskörper schließen sich in dieser Reihenfolge an. Die Geistwesen, Geist-Seelen und Körper der Planeten stehen in einer bestimmten Beziehung und bilden so die verschiedenen Sphären des Himmels. Die reinen Geistwesen verhalten sich zu den Himmelsseelen wie der (denkende) Geist des Menschen zum menschlichen Seelenerleben.

Die Bewegung der Himmelssphären ist Zeichen dafür, dass die Himmelsseelen und -körper ihrem jeweiligen rein geistigen Prinzip nachstreben und sich ihm verähnlichen wollen. Kennzeichen für die rein geistige Existenz ist die Fähigkeit begrifflich zu denken; die Ursache für die körperliche Bewegung der Planeten liegt in der Himmelsseele, die auch die Verbindung zur Materialität herstellt. Alle Entwicklung, verursacht durch die Planetenbewegung (auch auf der Erde), ist Ausdruck für das Bestreben, dem rein geistigen Prinzip der jeweiligen Sphäre ähnlich zu werden.

Ausgangspunkt des kosmischen Bewegungs- und Entwicklungszusammenhangs ist der unbewegte Beweger, Gott. Sein Abbild erscheint im «aktiven Intellekt» des Menschen, dem «Geist der irdischen Welt», der im Menschen bewirkt, dass dieser Erkenntnisse über die Welt und sich selbst gewinnt. In der späteren Auseinandersetzung um das richtige Verständnis der aristotelischen Geist- und Seelenlehre war strittig, ob dieser aktive Intellekt zur Ich-Individualität des Menschen zu zählen ist oder ob er als überindividuelles (kosmisches) Geistwesen wirkt.[83] In den

Bemühungen, die Aussagen des Aristoteles über das Denken und den tätigen Intellekt zu verstehen, spiegelt sich insbesondere im 13. Jahrhundert auch die Schwierigkeit, im Hinblick auf geistige Individualität die Sphäre des Engels von derjenigen des Menschen zu unterscheiden. Es deutet sich in diesen Auseinandersetzungen an, dass der Mensch mit seinen geistigen Fähigkeiten allmählich in diejenigen Bereiche einzieht, die in der älteren Epoche kosmischer Entwicklung dem Engel vorbehalten waren (Geistselbst-Ausbildung).

Alanus ab Insulis
Der Mensch unterscheidet sich vom Engel,
kann aber zum höchsten Engel werden

... im Anfang der Schöpfung erschuf Gott Himmel und Erde, d.h. die geistige und die körperliche Natur. Denn bevor Gott irgendetwas anderes erschuf, hat er die Natur der vier Elemente und zugleich die Natur der Engel erschaffen ... Die Engel sind erschaffen (creati), wir (Menschen) aber sind gemacht (facti); die Engel sind die Ersten, wir die Letzten. Und die Natur der Engel gilt nicht nur der Zeit nach, sondern auch der Würde nach als erstrangig. – Beachte, dass im eigentlichen Sinne jeweils etwas anderes mit «erschaffen werden», «vorher erschaffen werden» und «entstehen» (gemacht werden: fieri) bezeichnet wird. Was ohne zugrundeliegende Materie zu sein beginnt, wird ... als erschaffen bezeichnet: wie die geistige Natur, bei deren Schöpfung weder die Form der Materie, noch die Materie der Form vorangegangen ist; vielmehr unterliegt in einem Akt der Zeit die Materie der Form, und die Form wird der Materie eingeprägt ...[84]

Arbeite also, o Mensch, damit du durch die Glut der Liebe der Ordnung der Seraphim zugerechnet wirst oder durch die Fülle der Erkenntnis zu den Cherubim gezählt wirst; oder durch das vernünftige Urteil dich würdig machst, zur Ordnung der Throne zu gehören; oder als einer, der den gebotenen Gehorsam zeigt, dich mit den Herrschaften verbinden wirst; oder, indem du Untergebene gut regierst, mit den Fürstentümern herrschen wirst; oder als einer, der dem Dämon widersteht, in der Ordnung der Gewalten erstrahlst; oder im Vollbringen von Wundern durch die Züchtigung des Fleisches in der Ordnung der Kräfte dich ansiedelst; oder zu den Erzengeln gezählt werden wirst, indem du andere über Höheres belehrst; oder indem du Kleineres verkündest, bei den Engeln einen Platz findest.[85]

Der Engel ist reines Geistwesen, er existiert nicht individuell inkarniert auf der Erde. Dadurch unterscheidet er sich substanziell vom Menschen, jedoch trägt der Mensch als Geistwesen *auf der Erde* die Anlage in sich, sich die Grade der Hierarchien zu erarbeiten. Diese sind dadurch charakterisiert, dass Materie und Form bei ihnen identisch sind: Das Geistige ist Form seiner selbst und Materie seiner selbst; Form und Materie wirken nicht jeweils von außen auf sich ein. Unter Materie ist hier nicht eine sinnlich wahrnehmbare, feste «Substanz» zu verstehen, sondern alles Formbare; in diesem Sinne kann jede niedrigere geistige Ordnung als die Materie für die nächst höhere gelten, und die nächst höhere hierarchische Form ist wiederum Materie für eine noch höhere. – Die Erschaffung der Engel und diejenige der Elemente gehören zusammen. Die Elemente sind noch nicht die auf der Erde sinnlich erscheinenden Gegenstände, sondern diejenigen Elementarkräfte, aus deren Mischung die Gegenstände nach Maßgabe substanzieller Formen hervorgehen.[86]

Die beiden gegen Ende des 12. Jahrhunderts entstandenen Texte geben Auskunft über die Engelanschauung des Alanus und der Schule von Chartres, die von Alanus entscheidend mitgeprägt wurde. Die erste Textstelle ist der Auslegung einer Engelliturgie entnommen, die auf eine Michael-Feier bezogen wird. Die zweite Textstelle bildet das Ende einer Michael-Predigt des Alanus, in der der Erzengel Michael nicht genannt wird. Wohl aber wird in der Predigt und insbesondere in ihrem Schlussabsatz deutlich, dass Alanus eine Beziehung des Menschen zum Engel als michaelisch ansieht, in der der Mensch in der Ausbildung einer bestimmten geistig-seelischen Grundhaltung sich die Bereiche der Hierarchien erarbeitet.

Albertus Magnus
Warum geistige Wesen in der Welt zur Form werden

Weil in der gesamten Natur nichts existiert um des Geringeren willen, bestehen die Formen, die immerwährend in die Materie fließen aus dem Licht der ersten Ursachen und Geistwesen, bei weitem mehr in der ersten Ursache und im Licht der geistigen Wesen als in der Materie. In keiner Weise fließen sie in die Materie wegen des Seins, das sie in der Materie haben – obgleich die Materie nach ihnen strebt wie nach etwas Göttlichem und Gutem. … Und man kann auch nicht sagen, dass diese sogenannten Formen der Welt fließen, um die Größe ihres Ursprungs aufzuzeigen: denn die Wesenheit in Geringerem zu verbrauchen, ist nicht die Art einer solch umfassenden Größe. So fließen sie deshalb, um etwas Göttliches und göttliche Werke zu vollenden. Das göttliche Sein und Werk aber vollenden sie nur von der Materie getrennt – und wir wissen, dass sie nicht getrennt werden außer in der von der menschlichen Seele vollendeten

Trennung. Deshalb ist es notwendig, dass sie durch einen von der Materie trennenden Geist zum göttlichen Sein zurückgeführt werden. Eine solche Rückführung aber geschieht nicht durch den Geist der Welt. Denn der Geist der Formen hält sie von der Materie getrennt in göttlichem Sein und Wirken. Also geschieht es notwendig durch den Geist des Menschen, der Kräfte und Organe besitzt, um aus der Materie die göttlichen Formen zu empfangen.[87]

Albertus Magnus war neben seinem Schüler Thomas von Aquin der entscheidende christliche Aristoteles-Interpret des 13. Jahrhunderts. Die wiedergegebene Stelle findet sich im Schlusskapitel einer Schrift, deren Titel etwa mit «Über den Geist und das Erkennbare» übersetzt werden kann. Aus den ersten Ursachen und höchsten Geistwesen fließen die (inneren und schaffenden) Formen der Welt aus. Der Grund für dieses Werden in der Materie liegt weder in diesen geistigen Ursachen selbst noch in der Materie; vielmehr sollen «das göttliche Sein und Werk» vollendet werden – dies ist aber nur im Durchgang durch die Materie möglich. Nach der Verbindung mit der materiellen Welt hat die menschliche Seele die Aufgabe, die geistigen Wesen und Formen wieder von der Materie zu trennen, und zwar in der menschlichen Erkenntnis. Der Mensch besitzt einen «von der Materie trennenden Geist», der die geistigen Formen aus der Materie heraus wieder vergeistigen kann.

Die hierarchischen Kräfte gehen als Formen in die Welt ein; dieser «Geist der Welt» (intellectus mundi) ist an diesem Punkt der Entwicklung auf die erkennende menschliche Seele angewiesen. Die Vervollkommnung der geistigen Welt, die in die Materie eingegangen ist und dann durch den Menschen zu sich selbst zurückkehren kann, bedeutet aber auch die Vergeistigung der menschlichen Existenz, die in diesem Prozess ebenfalls zu ihrem geistigen

Ursprung zurückkehrt. Der «Geist des Menschen» (intellectus hominis) und der Geist der Welt (intellectus mundi) stehen in einem notwendigen und doch (für den Menschen) freien Entwicklungszusammenhang. Die Entäußerung des kosmischen Geistes und seine Wiedervergeistigung im Menschen umfasst alle hierarchischen Ordnungen; der hier angesprochene kosmische Vorgang kann mit der Menschwerdung des Logos und seiner Auferstehung im Zusammenhang gesehen werden.

In der Körperwelt sind die geistigen Formen, also die hierarchischen Wesen, nicht mehr göttlich-geistiges Sein. Der menschliche Erkenntnisprozess kann sie von der Materie trennen. Diese Aufgabe kann kein anderes Geistwesen übernehmen, weil nur der Mensch Organe und Erkenntniskräfte besitzt, um den Geist *in der Materie* zu erkennen und befreien zu können.

Die Ruine der geistigen Welt wird wiederhergestellt

Aber ihm obliegt die Gnade mit der Wirkung der Befreiung derjenigen, die auf der Erde und in der Unterwelt sind, und der Wiederherstellung der Himmelsruine zur Durchführung des Gnadenwerkes, so dass im Namen Jesu das gesamte Geschlecht der Himmelsbewohner, Erdenbürger und Höllenbewohner gewandelt wird … [88]

Auch die Welt der Hierarchien bedurfte der Erlösungstat Christi. Ihre Wiederherstellung macht sie zum geistigen Werkzeug Christi, der durch sie seine Gnadenwirkungen vermittelt. Die kurze Aussage des Albertus gibt zu erkennen, dass Christus auch die geistige Wirklichkeit der Hierarchien neu bestimmt hat.

Thomas von Aquin
Morgen- und Abenderkenntnis der Engel

Von Augustinus stammt her, was über die morgendliche und abendliche Erkenntnis bei den Engeln gesagt wird. … Wie bei einem gewöhnlichen Tag der Morgen Ursprung des Tages ist und der Abend Abschluss, so wird die Erkenntnis des ursprünglichen Seins der Dinge als morgendliche Erkenntnis bezeichnet. Diese liegt vor, sofern die Dinge im (göttlichen) Wort sind. Die Erkenntnis dagegen des Seins des geschaffenen Dinges, sofern es in seiner eigenen Natur besteht, wird als abendliche Erkenntnis bezeichnet. Denn das Sein der Dinge fließt aus vom (göttlichen) Wort wie von einem ursprünglichen Anfang her; und dieses Ausfließen findet seinen Abschluss hin zu dem Sein der Dinge, das sie in ihrer eigenen Natur besitzen. – Abend und Morgen werden bei der Erkenntnis des Engels nicht verstanden wie Beimischung von Dunkelheit, sondern ähnlich wie Anfang und Ende.[89]

… man spricht also von abendlicher Erkenntnis bei den Engeln, wenn sie das Sein der Dinge erkennen, das die Dinge in ihrer eigenen Natur besitzen. Dieses erkennen sie durch ein zweifaches Mittel: durch innewohnende Erkenntnisformen (species) und durch die Begriffe (rationes) der Dinge, die im (göttlichen) Wort bestehen. Denn indem die Engel das (göttliche) Wort schauen, erkennen sie nicht allein das Sein der Dinge, das diese im (göttlichen) Wort besitzen, sondern auch das Sein, das sie in ihrer eigenen Natur haben. In ähnlicher Weise erkennt Gott das Sein der Dinge, das diese in ihrer eigenen Natur besitzen, indem er sich selbst sieht. Wenn also von abendlicher Erkenntnis gesprochen wird, sofern die Engel in der Schau des (göttlichen) Wortes das Sein der Dinge erkennen, das diese in ihrer eigenen Natur haben, so ist die abendliche und die morgendliche

Erkenntnis dem Wesen nach ein und dieselbe und unterscheidet sich allein im Hinblick auf das Erkannte. – Wenn aber die abendliche Erkenntnis bedeutet, dass die Engel das Sein der Dinge, das diese in ihrer eigenen Natur besitzen, durch innere Erkenntnisformen (per formas innatas) erkennen, so ist die abendliche Erkenntnis eine andere als die morgendliche.[90]

Bei den Engeln, die nicht der Himmelsbewegung unterliegen, welche durch eine kontinuierliche Zeit gemessen wird, besteht Zeit in der Abfolge von Tätigkeiten des Geistes (intellectus) und auch des Verlangens (affectus). So wird das erste Jetzt bei den Engeln als eine Antwort begriffen auf eine Tätigkeit des Engelgeistes (mens angelica), in der er sich durch die abendliche Erkenntnis zu sich selbst wendet.[91]

Thomas von Aquin (1225 – 1274) beschreibt die zweifache Erkenntnis der Engel in seiner «Summe der Theologie» und greift damit ein Motiv des Augustinus (354 – 430) auf; dieser hatte in seiner «Wortgetreuen Auslegung der Schöpfungsgeschichte» von der morgendlichen und abendlichen Erkenntnis der Engel gesprochen und die Erschaffung der Welt als geistiges Geschehen im Bewusstsein des Engels beschrieben. – Thomas weist zunächst darauf hin, dass sich die beiden Erkenntnisarten nicht auf den Morgen und Abend der irdischen Tage, also nicht auf die Mischungsform von Dunkelheit und Helligkeit beziehen, sondern dass Anfang und Ende gemeint seien: Der Anfang der Dinge besteht im göttlichen Wort, also in dem Logos, der im Sinne des Johannes-Evangeliums «im Anfang» war – auf Christus. Am Ende des damit beginnenden Entwicklungsvorgangs befinden sich die Dinge, wie sie in sich selbst existieren; sie begreift der Engel in abendlicher Erkenntnis.

Morgen und Abend sind im Unterschied zu Mittag und

Mitternacht nicht ganz hell und nicht ganz dunkel. Es handelt sich also um Übergangssituationen, die allerdings im Hinblick auf den Engel nicht sinnlich, sondern geistig zu verstehen sind.

Im Zusammenhang der Ausführungen des Thomas wird deutlich, dass der Engel in die Finsternis der geistigen Nacht geraten kann, wenn ihm der Übergang von der Abenderkenntnis in die Morgenerkenntnis nicht gelingt; er hat also die Mitternacht zu überwinden, um nicht in völliger Dunkelheit zu verbleiben. «Zum Abend gehört Dunkelheit, aber er hat trotzdem etwas vom Licht. Wenn aber das Licht völlig verschwindet, ist Nacht. So hat auch die Erkenntnis der Dinge in ihrer eigenen Natur … etwas vom göttlichen Licht und kann (deshalb) abendlich genannt werden. Wenn sie aber nicht auf Gott zurückgeführt wird – das ist bei den Dämonen der Fall –, so wird sie nicht abendlich, sondern nächtlich genannt.»[92] Der Engel hat demnach in seiner Erkenntnis willentliche Übergänge zu vollziehen, die Mitternacht und den Mittag zu überwinden. Seine Erkenntnis ist übergänglich, aber auch die geistigen Situationen, in denen er erkennt: Am Morgen und am Abend sind Licht und Dunkelheit gemischt, der Abend stellt den Übergang von der Helligkeit zur Dunkelheit, der Morgen von der Finsternis zum Licht des Tages dar – Ähnliches gilt auch für die Selbsterkenntnis des Engels, denn Selbstbewusstsein und Weltbewusstsein sind bei ihm nicht zu trennen. Geriete er in die Finsternis der Nacht, so wäre auch sein Selbstbewusstsein verdunkelt, ähnlich wie das grelle Licht des Mittags das Selbstbewusstsein des Engels so überstrahlen könnte, dass nichts mehr zu erkennen ist.

Interessant erscheint hier unter dem Gesichtspunkt geistesgeschichtlicher Entwicklung und insbesondere für das geistige Verhältnis zwischen Engel und Mensch eine Aussage Rudolf Steiners in einem Vortrag des Jahres 1917: «Das

Kosmische für die Menschheit zu erobern in zweifach unrechter Weise oder in einfach richtiger Weise, das ist dasjenige, was der Menschheit bevorsteht. ... Bekämpfen werden sich die Wissenden des Kosmos, indem die einen die Morgen- und Abendprozesse in Anwendung bringen ... ; im Westen vorzugsweise die Mittagsprozesse mit Ausschaltung der Morgen- und Abendprozesse, und im Osten die Mitternachtsprozesse. Man wird nicht mehr bloß nach den chemischen Anziehungs- und Abstoßungskräften Substanzen herstellen, sondern man wird wissen, dass eine andere Substanz entsteht, je nachdem ob man sie mit Morgen- und Abendprozessen oder mit Mittags- oder Mitternachtsprozessen herstellt.»[93]

Thomas macht in seinen Ausführungen deutlich, dass die Engel auf zwei Arten geistig erkennen: durch ihnen natürlicherweise gegebene Erkenntnisformen (species) bzw. Formen (formae); außerdem erkennen sie durch die Begriffe (rationes), die im göttlichen Logos existieren. Beide Arten der Erkenntnis beziehen sich auf dasjenige Sein, das die Dinge in sich selbst besitzen. Es handelt sich also um geistige Erkenntnisarten des Gewordenen (in den Erkenntnisformen) und des Werdenden (in den Begriffen im Logos). Ein Ausgangs- und ein Endgeschehen werden in der Erkenntnis der Engel verbunden, d.h. der Engel nimmt nicht eine einzelne *Entwicklungssituation*, sondern einen *Entwicklungszusammenhang* in sein Bewusstsein auf.

Die «Erkenntnisformen» in den Dingen entsprechen den wesenhaften Formen der Gegenstände, selbstverständlich nicht in der sinnlich wahrnehmbaren Erscheinung, sondern als innere Formursache. Beispielsweise liegt einer Eiche eine innere Form als Entstehungs- und Wachstumsprinzip zugrunde, das sie von der Buche und anderen Bäumen unterscheidet; Ähnliches gilt etwa auch von unterschiedlichen Tierarten. Diese substanziellen Formen der Dinge sind dem Engel geistig zugänglich, darüber hinaus bezieht sich seine morgendliche Erkenntnis aber auch auf denjenigen göttlichen Begriff der Gegenstände, der im Christus-Wort ursächlich besteht: eine geistige Ursache, die die innere Wesensform der Dinge hervorbringt, die ihrerseits wieder zur Ursache der unterschiedlichen Seinsidentitäten auf der Erde werden.

Raimundus Sabundus
Der Mensch und die Selbsterkenntnis des Engels

Weil es eine geschaffene, rein geistige Natur gibt und weil diese einen freien Willen wie der Mensch besitzt – deshalb ist alles, was über den Begriff des freien Willens im Hinblick auf den Menschen gezeigt wurde auch schon im Hinblick auf die Engel gezeigt. Und was immer dem Menschen durch den Begriff des freien Willens zukommt, kommt auch dem Engel zu. Deshalb soll derjenige, der eine Erkenntnis der Engel haben möchte, zu dem zurückkehren, was über den Menschen gesagt wurde und es auf die Engel anwenden. Und er soll den gleichen Gang machen im Hinblick auf die Verpflichtung, die Liebe und die Frucht der Liebe, die die Freude ist; und er soll die Frucht der Liebe auch auf den Engel und andere Geschöpfe anwenden, selbst auf diejenigen Geschöpfe, die niedriger sind als er. Und er wird sehen, wieviel mehr er von Gott erhalten hat als die anderen, niedrigeren Geschöpfe. Und er wird auf diese Weise erkennen, dass er sich und alles, was er hat, von Gott erhalten hat, weil er aus dem Nichts erschaffen ist und nichts von sich selbst hat.

Daher kann sich der Engel zuerst in Beziehung setzen zu diesem Nichts, woher er kommt, um seine Würde und seine Freude zu erkennen, in der er existiert. Dann kann er sich auf die ihm gegensätzliche Kreatur beziehen, nämlich auf die körperliche Natur; und er kann sehen, wieviel er in Würde und Besonderheit über diese erhaben ist – und das aus einer Gabe Gottes. Dann kann sich der Engel in Bezug setzen zur gemischten Natur, nämlich zur menschlichen.

Und so dienen alle Geschöpfe den Engeln, damit sie ihre eigene Erhabenheit erkennen und bemerken, wie viel sie (von Gott) erhalten haben. So ist offensichtlich, dass der Engel, ähnlich wie der Mensch, Gott verpflichtet ist; und dass in derselben Art vorzugehen ist im Hinblick auf den Engel wie im Hinblick auf den Menschen, um die Verpflichtung gegenüber Gott und in der Folge alles Weitere zu untersuchen, was sich aus dieser Verpflichtung ergibt. Und wie wir den Menschen vergleichen können mit allen anderen, niedrigeren Geschöpfen durch das Zusammentreffende und Unterscheidende, so können wir ihn auch mit dem Engel vergleichen. Übe dich also selbst – das wird genügen.[94]

Auch an dieser Stelle aus der großen Naturtheologie des Raimundus Sabundus (gest. 1436) zeigt sich die Nähe zwischen Engel und Mensch, aber auch ihre Verschiedenheit. Der freie Wille oder die freie Entscheidung (liberum arbitrium) verbindet beide als Geistwesen. Raimundus geht sogar so weit, dass alle geistigen Selbsterkenntnisschritte, die der Mensch im Hinblick auf seine Beziehung zu Gott vollzogen hat, auf den Engel ohne weiteres übertragen werden können. Der Engel ist Gott ebenso verpflichtet wie der Mensch; allerdings kann sich der Engel selbst dem Menschen auch gegenüberstellen und im Vergleich mit ihm die eigene geistige Würde erkennen; denn der Engel existiert im Unterschied zum Menschen nicht in der körperlichen Natur. In den anschließenden Ausführungen des Raimundus wird deutlich, dass der Mensch aus beiden Naturen, der geistigen und der körperlichen besteht, dass er aber eine unsterbliche Seele besitzt. So ergibt sich eine

Dreigliederung der Kreatur: Raimundus führt die Geschöpfe zurück auf «zwei Naturen im Allgemeinen, nämlich die rein körperliche Natur, die nichts Unsterbliches besitzt, und auf die Natur, die aus Körperlichem und Geistigem gemischt ist und etwas Unsterbliches besitzt»: Dies ist der Mensch, der seelisch nicht stirbt. «Und schließlich finden wir durch diese beiden Naturen eine dritte Natur, die allein geistig ist und als Engelnatur bezeichnet wird.»[95]

Friedrich Wilhelm Joseph Schelling: Die Engel und die Schrift

Er meinte nämlich, warum es dem Herrn gefallen, auf dieser Erde geboren zu werden, sei um des Wortes willen gewesen, weil es hier allein habe können materiell fortgepflanzt, geschrieben und schriftlich genau erhalten werden. Wir schließen, sagte er, zu rasch nach Ähnlichkeiten. Es ist an sich unwahrscheinlich, dass auf allen anderen Weltkörpern das Geschlecht der vernünftigen Wesen in einer so regen, allseitigen Verbindung durch Handel und Wandel, durch Sprache und Gesetze, durch Krieg und Frieden sei, als es das Menschengeschlecht hier ist. Er behauptete sogar, dass auf anderen Welten die Geschlechter in bloßen Familien leben, weit entfernt von jenen künstlichen, vielfach verschlungenen Verhältnissen, zu welchen Bedürfnis, Tätigkeitslust und ein weit allgemeinerer Geselligkeitstrieb die Menschen gebracht habe; dort finden auch nur mündliche Offenbarungen durch Geister und Engel statt, die, weil sie nicht an ein so fixes Mittel als bei uns gebunden, leicht sich wieder verflüchtigen und verlieren. Überhaupt seien die Einwohner der verschiedenen Welten als verschiedene Glieder eines größten Menschen anzusehen, unter denen der Mensch unserer Erde den natürlichen oder äußerlichen Sinn vorstelle.[96]

Schelling schrieb das Fragment gebliebene Gespräch «Clara» wohl um das Jahr 1810, nachdem seine erste Frau Caroline 1809 verstorben war. Das Gespräch behandelt, wie der Untertitel sagt, das Verhältnis von physischer und geistiger Welt, insbesondere diejenigen Metamorphosen des Physischen und Seelischen, die sich mit dem menschlichen Tod vollziehen. Es geht um die gegenseitigen Verwandlungen zwischen der Erscheinungswelt und der nicht sichtbaren spirituellen Wirklichkeit, um das Verhältnis von Natur und Geist. Der wiedergegebene Abschnitt stammt aus dem vierten und letzten Fragmentteil; er gibt die Ansicht eines «nordischen Geistersehers» wieder, von der einer der Gesprächsteilnehmer berichtet. – Die Erde bietet die Voraussetzungen, dass sich der Geist zum ausgesprochenen Wort und sogar zur Schrift verdichten kann. Andere Welten seien denkbar, deren Lebensverhältnisse einfacher seien; dort könnten die Menschen noch unter direktem Einfluss von Geistwesenheiten stehen, deren Offenbarungen allerdings nicht festgehalten werden könnten. So stelle die irdische Lebensform des Menschen vielleicht nur einen bestimmten Existenzaspekt eines Gesamtmenschen dar, dessen Leben sich aus der Berücksichtigung weniger stark verdichteter Seinsverhältnisse ergäbe. Interessanterweise erscheinen in dieser räumlichen, also auf verschiedene kosmische Welten verteilten Anschauung einer Gesamtmenschheit Aspekte, die im Werk Rudolf Steiners in zeitlicher Entwicklung betrachtet werden. Insbesondere ist hier an ältere Epochen der irdischen Menschheitsentwicklung, aber auch an dasjenige kosmische Stadium zu denken, das der gegenwärtigen Erde vorangegangen ist.[97]

Rudolf Steiner
Die dritte Hierarchie als Seelenhintergrund des Denkens

Eine unbefangene Betrachtung des Denkens zeigt, dass die Gedanken des gewohnlichen Bewusstseins kein eigenes Dasein haben, dass sie nur wie Spiegelbilder von etwas auftreten. Aber der Mensch fühlt sich als lebendig in den Gedanken. Die Gedanken leben nicht; er aber lebt in den Gedanken. Dieses Leben urständet in Geist-Wesen, die man als die der dritten Hierarchie, als eines Geist-Reiches, ansprechen kann. [98]

Der Mensch lebt in den Gedanken, obwohl die Gedanken selbst nicht Wirklichkeit, sondern nur Abbild von Wirklichkeit sind. Dies gilt auch für Gefühle und Willensintentionen: Auch sie, mit denen sich der Mensch meist stärker identifiziert als mit seinen Gedanken, treten zunächst in der Gedankenform auf, wenn sie dem Bewusstsein zugänglich werden. Das Leben und die Wirklichkeit des Denkens kann nicht am Gedankeninhalt, sondern an der Lebensbedeutung der Gedanken festgemacht werden. Das Bewusstsein ist normalerweise auf den Gedankeninhalt konzentriert; die Lebensbedeutung der Gedanken ergibt sich gleichsam aus einer distanzierteren, aber lebensnäheren Betrachtung. Dann zeigt sich eine Ebene des Denkens als Geisthintergrund, die lebendig, nicht nur totes Abbild der Wirklichkeit ist. Bringt man jetzt diese Lebensseite zur Anschauung, so kann geistig empfunden werden, dass die Ursache dieses Lebens im Bereich der dritten Hierarchie anzusiedeln ist.

Die Wesenheiten der dritten Hierarchie offenbaren sich in dem Leben, das im menschlichen Denken als Geist-Hintergrund zur Entfaltung gelangt. Dieses Leben verbirgt sich in der menschlichen Denktätigkeit. Wirkten sie in dieser als

Eigensein fort, so könnte der Mensch nicht zur Freiheit gelangen. Wo kosmische Denktätigkeit aufhört, beginnt menschliche Denktätigkeit.[99]

Das Leben als Geisthintergrund des menschlichen Denkens kann als Offenbarungsform der dritten Hierarchie gelten. Im eben wiedergegebenen Leitsatz 66 kommt zum Ausdruck, warum dieses Leben nicht im menschlichen Erleben erscheint, warum statt dessen der Gedankeninhalt als bloßes Abbild das Bewusstsein ausfüllt. «Wo kosmische Denktätigkeit aufhört, beginnt menschliche Denkfähigkeit»: Diese Formulierung zeigt wieder den Charakter der Doppelgesichtigkeit in der Geistestätigkeit des Menschen und des Engels. Schon bei Johannes Scotus Eriugena und in vielen anderen überlieferten Texten wird diese Charakteristik im Verhältnis zwischen Engel und Mensch betont. Die eigenständige Geistestätigkeit des Menschen setzt voraus, dass sich kosmische Geistigkeit für das menschliche Bewusstsein verdunkelt. Tritt Letztere aber in das Bewusstsein, so stellt es sich nicht mehr als menschlicher, sondern als kosmischer Geist dar.

An die dritte Hierarchie (Archai, Archangeloi, Angeloi) kann man geistig herantreten, wenn man Denken, Fühlen und Wollen so kennen lernt, dass man in ihnen das in der Seele wirkende Geistige gewahr wird. Das Denken stellt zunächst nur Bilder, nicht ein Wirkliches in die Welt. Das Fühlen webt in diesem Bildhaften; es spricht für ein Wirkliches im Menschen, kann es aber nicht ausleben. Das Wollen entfaltet eine Wirklichkeit, die den Leib voraussetzt, aber an seiner Gestaltung nicht bewusst mitwirkt. Das Wesenhafte, das im Denken lebt, um den Leib zur Grundlage dieses Denkens zu machen, das Wesenhafte, das im Fühlen lebt, um den Leib zum Mit-Erleber einer Wirklichkeit zu machen, das Wesenhafte, das im Wollen lebt, um an seiner Gestaltung bewusst mitzuwirken, ist in der dritten Hierarchie lebendig.[100]

Dieser Leitsatz nimmt eine ähnliche Perspektive wie die zuvor zitierten ein. Hier wird wieder auf den Geisthintergrund der Seele geblickt, allerdings jetzt gegliedert nach Denken, Fühlen und Wollen. Dieser Geisthintergrund enthüllt sich nicht durch den bewusst erlebten Seeleninhalt, sondern durch die Beziehung des Seelischen zum Leib. Der Leib wird dabei in dreifacher Hinsicht betrachtet: Der ist die Grundlage des bewussten Denkens; durch ihn kann diejenige geistige Kraft empfunden werden, die sich im Gefühl zeigt; schließlich kann sich durch das Wollen hindurch allmählich die Gestaltungskraft zu Bewusstsein bringen, die den Leibesorganismus hervorbringt und erhält. Dieses dreifache «Wesenhafte» lebt wiederum in der dritten Hierarchie. Es arbeitet am menschlichen Leib, der erstens Grundlage des (irdischen) Denkens ist, also die Selbstbewusstheit und das Weltbewusstsein des Menschen trägt; zweitens ist dieser Leib im Gefühl nicht nur Grundlage, sondern Subjekt des Erlebens einer geistigen Wirklichkeit; und drittens wartet der Leib gleichsam darauf, im Willen vom Menschen bewusst gestaltet zu werden. Kommt dieses dreifache, in sich sehr differenzierte Leibverhältnis in die Anschauung, so kann sich ein Eindruck der dreigegliederten Wirksamkeit der dritten Hierarchie ergeben. Voraussetzung dafür ist, dass der Mensch den eigenen Leib nicht abbildhaft, sondern im Hinblick auf das in ihm «*wirkende* Geistige» erkennt. Dann berührt die menschliche Selbsterkenntnis den Kraftaspekt der eigenen Existenz; und dann erweist sich der Mensch wahrhaft als Mikrokosmos, d.h. als Erscheinungsform des «großen» Universums, das auch die Hierarchien umfasst. Menschliche Selbsterkenntnis wird unter dem Kraftaspekt zur Hierarchienerkenntnis.

ANMERKUNGEN

1 Anselm von Canterbury: *Warum Gott Mensch geworden* (Cur deus homo). Hrsg. von Franciscus Salesius Schmitt. München 1986. Vgl. hier insbesondere Kap. 16-19.

2 Alanus ab Insulis: *Summa quoniam homines*. Hrsg. von P. Glorieux. AHMA 28 (1953), S. 285 f. Vgl. dazu: Wolf-Ulrich Klünker: *Alanus ab Insulis. Entwicklung des Geistes als Michaelprinzip*. Stuttgart 1993, S. 28 ff.

3 Thomas von Aquin: *Summa theologica I*, 113,4.

4 Rudolf Steiner: Vortrag vom 4.7.1924 (GA 237). Dornach 1971, S. 30 ff.

5 Johannes Scotus Eriugena: *Über die Einteilung der Natur*. Hrsg. von Ludwig Noack. 1. Aufl. 1870-74; 2., unveränderte Aufl. Hamburg 1983, II, S. 61 f. Vgl. dazu: Wolf-Ulrich Klünker: *Johannes Scotus Eriugena. Denken im Gespräch mit dem Engel*. Stuttgart 1988, Kap. III.

6 Wolf-Ulrich Klünker: *Johannes Scotus Eriugena. Denken im Gespräch mit dem Engel*. Stuttgart 1988.
Alanus ab Insulis. Entwicklung des Geistes als Michael-Prinzip. Stuttgart 1993.
Thomas von Aquin: *Vom Wesen der Engel. De substantiis separatis*. Hrsg. von Wolf-Ulrich Klünker. Stuttgart 1989.
Rudolf Steiner: *Vom Wirken der Engel*. Hrsg. von Wolf-Ulrich Klünker. Stuttgart 1991 (Themen aus dem Gesamtwerk, Bd. 17).

7 Thomas von Aquin: *Summa theologica I*, 113,5.

8 Vgl. oben S. 9

9 Vgl. die Einführung, S. 7 f.

10 Aristoteles: *Von den Träumen.* In: Ders.: Kleine naturwissenschaftliche Schriften (Parva naturalia). Hrsg. von Eugen Rolfes. Leipzig 1924, S. 62 ff. – Ders.: *Von den weissagenden Träumen.* In: A.a.O., S. 74 ff.

11 Friedrich Wilhelm Joseph Schelling: *System des transzendentalen Idealismus* (1800). In: Ders.: Ausgewählte Werke. Darmstadt 1982, S. 628.

12 Ders.: *Clara. Über den Zusammenhang der Natur mit der Geistwelt. Ein Gespräch.* Aus dem Nachlass ergänzt und hrsg. von Manfred Schröter. München 1948, S. 43 f.

13 Georg Wilhelm Friedrich Hegel: *Enzyklopädie der philosophischen Wissenschaften II*, § 376. In: Ders.: Werke in 20 Bänden, Bd. 9. Frankfurt a. M. 1978 S. 539.

14 Ders.: *Phänomenologie des Geistes.* In: Ders.: Werke in 20 Bänden, Bd. 3. Frankfurt a. M. 1976, S. 195.

15 Rudolf Steiner: *Der Seelen Erwachen. Seelische und geistige Vorgänge in szenischen Bildern.* In: Ders.: *Vier Mysteriendramen* (GA 14). Dornach 1981, S. 505 f.

16 Rudolf Steiner: *Frühere Geheimhaltung und jetzige Veröffentlichung übersinnlicher Erkenntnisse* (1918). In: Ders.: *Philosophie und Anthroposophie* (GA 35). Dornach 1984, S. 393.

17 A.a.O.

18 Vgl. etwa Rudolf Steiner: Vortrag vom 16.11.1917 (GA 178). Dornach 1966, S. 47 ff.

19 Themistios: In: De anima. Zitiert nach: Thomas von Aquin: *Über die Einheit des Geistes – De unitate intellectus.* Hrsg. von Wolf-Ulrich Klünker. Stuttgart 1987, S. 54.

20 Rudolf Steiner: *Frühere Geheimhaltung und jetzige Veröffentlichung übersinnlicher Erkenntnisse* (1918). In: Ders.: *Philosophie und Anthroposophie* (GA 35). Dornach 1984, S. 397.

21 Gotthold Ephraim Lessing: *Über den Beweis des Geistes und der Kraft* (1777). In: Ders.: *Die Erziehung des Menschengeschlechts und andere Schriften.* Stuttgart 1980, S. 37.

22 Rudolf Steiner: *Die Geisteswissenschaft als Anthroposophie und die zeitgenössische Erkenntnistheorie. Persönlich-Unpersönliches* (1917). In: Ders.: *Philosophie und Anthroposophie* (GA 35). Dornach 1984, S. 307 f.

23 Vgl. dazu: Wolf-Ulrich Klünker: *Selbsterkenntnis der Seele*. Stuttgart 1990, S. 70 ff. Dort finden sich auch Literaturhinweise.

24 Im *Cherubinischen Wandersmann* heißt es etwas ausführlicher: «Stirb, ehe du noch stirbst, damit du nicht darfst sterben, wann du nun sterben sollst, sonst möchtest du verderben.» Aus: Angelus Silesius: Blüh auf, gefrorner Christ: Hrsg. von Lulu v. Strauß. Jena o.J., S. 61.

25 Vgl. aber dazu Wolf-Ulrich Klünker: *Durch Christus lebt das Ich. Der Organismusbegriff und das Böse*. In: *Das Goetheanum* Nr. 3/2000, S. 35 f.

26 Johannes Scotus Eriugena: *Über die Einheit der Natur*. Hrsg. von Ludwig Noack. Hamburg 1983 (Reprint der Ausgabe von 1870/74), S. 61 f. Die Übersetzung folgt der Wiedergabe in: Wolf-Ulrich Klünker: *Johannes Scotus Eriugena. Denken im Gespräch mit dem Engel*. Stuttgart 1988, S. 151 f. Dort findet sich auch der lateinische Text.

27 Im griechischen Originaltext des Evangeliums steht an dieser Stelle das Wort «psyche»; es wird häufig mit «Leben» übersetzt. Die übliche Übersetzung lautet: «Ich habe die Kraft, das Leben zu nehmen und es auch wieder zu geben.» Der griechische Begriff «psyche» bedeutet aber auch «Seele»; es handelt sich dabei sogar um den griechischen Seelenbegriff, der die Seele als allgemeines Lebensprinzip des Menschen (und auch des Tieres) mit umfasst. Origenes versteht den Begriff zu Beginn des 3. Jahrhunderts in seiner Beschäftigung mit dem Johannes-Evangelium noch ohne weiteres im Sinne von «Seele».

28 Thomas von Aquin: Summa theologica I, 113,4.

29 Vgl. oben Anm. 23.

30 Vgl. Wolf-Ulrich Klünker: *Genetik – Karma – Individualität. Gedanken zu einer geisteswissenschaftlichen Menschenkunde*. In: Das Goetheanum Nr. 38/2001, S. 673 f. – Außerdem: Christian Rittelmeyer: *Wie entstehen Begabungen? Zwischenbilanz einer andauernden Diskussion mit Blick auf Verhaltensgenetik und Mikrobiologie*. In: Die deutsche Schule 4/2000, S. 449 ff.

31 Anselm von Canterbury: *Warum Gott Mensch geworden*. (Cur deus homo). Hrsg. von Franciscus Salesius Schmitt. München 1986, (insbesondere die Kapitel 16-18).

32 Der Begriff des geistigen «Eigenortes» ist von Rudolf Steiner in einer Notizbucheintragung geprägt worden: «Gedanke deute mir / Gefühl führe mich / Zum Willen Wesen / Die Weltenwege / Zum Eigenorte / Im Geistesfelde: Ich bin.» In: Rudolf Steiner: *Seelenübungen*, Bd. II (GA 268). Dornach 1998, S. 50.

33 Vgl. zu der Bedeutung von Bewusstseinsseelen-Kraft für den Organismus: Wolf-Ulrich Klünker: *Das Kind und sein Schutzengel.* In: Das Goetheanum Nr. 13/2003, S. 7 ff.

34 Zur Verbindung Michaels mit der kosmisch-geistigen Vergangenheit des Menschen vgl. Rudolf Steiner: *Michaels Erfahrungen und Erlebnisse während der Erfüllung seiner kosmischen Mission* (1924). In: Ders.: *Anthroposophische Leitsätze* (GA 26). Dornach 1982, S. 88 ff.

35 Vgl. beispielsweise Thomas von Aquin: *Über die Mischung der Elemente.* In: Mitteilungen aus der anthroposophischen Arbeit in Deutschland IV/2002 (Nr.. 222), S. 280 ff. Dazu: Wolf-Ulrich Klünker: *Elemente und Elementarwesen.* In: Anthroposophie I/2003 (Nr. 223), S. 2 ff.

36 Vgl. dort den Abschnitt «Die Natur» (S. 36 ff).

37 Beispielsweise in der in Anm. 32 genannten Schrift. (S. 88)

38 (Pseudo-)Dionysius Areopagita: *Über die himmlische Hierarchie/Über die kirchliche Hierarchie.* Hrsg. von Günter Heil. Stuttgart 1986.

39 Thomas von Aquin: *Vom Wesen der Engel. De substantiis seperatis seu de angelorum natura.* Hrsg. von Wolf-Ulrich Klünker. Stuttgart 1989. Weitreichende Darstellungen zur Hierarchienlehre finden sich beispielsweise auch in der «Summe der Theologie» des Thomas, beispielsweise I, 44-64 und 103-114.

40 *Apokalypse* 10,8-10.

41 Rudolf Steiner: *Anthroposophische Leitsätze* (1924). In: GA 26. Dornach 1982, S. 41.

42 Avicenna: *Das Buch der Genesung der Seele. Eine philosophische Enzyklopädie Avicennas: Metaphysik, Theologie, Kosmologie und Ethik.* Hrsg. von M. Horten. Frankfurt a. M. 1960 (Reprint), S. 650 f.

43 Vgl. beispielsweise *Summa theologica I*, 115,4.

44 Avicenna: *Liber de anima IV-V.* Hrsg. von S. van Riet. Louvain – Leiden 1968, S. 138.

45 Vgl. die entsprechenden Ausführungen Anselms im letzten Teil des vorliegenden Buches (S. 183 ff.)

46 Eine Besprechung dieser Stelle und eine Erörterung der Wirkungsweise des Engels im Wasserelement findet sich auch in: Wolf-Ulrich Klünker: *Christus und das Schicksal des Menschen*. Stuttgart 2001, S. 14 ff.

47 Anselm von Canterbury: *Warum Gott Mensch geworden* (Cur deus homo). Hrsg. von Franciscus Salesius Schmitt. München 1986, S. 152 f. Im lateinischen Text werden tatsächlich die Begriffe homo-deus und angelus-deus verwendet.

48 A.a.O.

49 A.a.O., S. 154 f.

50 *Das Evangelium nach Philippus*. In: *Koptisch-gnostische Schriften aus den Papyrus-Codices von Nag-Hamadi*. Hrsg. von Johannes Leipoldt und Hans-Martin Schenke. Hamburg 1960, S. 43.

51 Die 15 Anathematismen von 553. In: Origenes: *Vier Bücher von den Prinzipien (Periarchon)*. Hrsg. von Herwig Görgemanns und Heinrich Karpp. Darmstadt 1985, S. 829.

52 Origenes: *Vier Bücher von den Prinzipien (Periarchon)*. Hrsg. von Herwig Görgemanns und Heinrich Karpp. Darmstadt 1985, S. 789.

53 Vgl. Thomas von Aquin: *Summa theologica I*, 113,4.

54 Entnommen aus: *Das Antlitz Christi. Christus-Bilder aus dem 4. – 12. Jahrhundert*. Hrsg. von Frowin Oslender und Lothar Schreyer. Hamburg 1956, Nr. 4.

55 *Das Evangelium nach Philippus*. A.a.O., S. 45 f. (Spr. 44). Einige Textveränderungen des Übersetzers wurden nicht übernommen.

56 *Das Wesen der Archonten*. In: *Koptisch-gnostische Schriften aus den Papyrus-Codices von Nag-Hamadi*. Hrsg. von Johannes Leipoldt und Hans-Martin Schenke. Hamburg 1960, S. 76.

57 A.a.O., S. 78.

58 Origenes: *Homilien zum Lukas-Evangelium. In Lucam homiliae, Bd. I*. Hrsg. von Hermann-Josef Sieben. Freiburg 1991, S. 79 ff.

59 A.a.O., Bd. II, S. 363.

60 Die hier zugrunde gelegte Übersetzung verwendet etwas andere Begriffe als heute üblich.

61 Origenes: *Vier Bücher von den Prinzipien (Periarchon).* Hrsg. von Herwig Görgemanns und Heinrich Karpp. Darmstadt 1985, S. 631 ff.

62 A.a.O., S. 633.

63 A.a.O.

64 A.a.O., S. 635.

65 A.a.O., S. 823 ff.

66 A.a.O., S. 827.

67 Origenes: *Das Evangelium nach Johannes.* Hrsg. von Rolf Gögler. Einsiedeln 1959, S. 361.

68 (Pseudo-)Dionysius Areopagita: *Über die himmlische Hierarchie / Über die kirchliche Hierarchie.* Hrsg. von Günter Heil. Stuttgart 1986, S. 36 f.

69 A.a.O., S. 39.

70 A.a.O., S. 42 f.

71 A.a.O., S. 64 f.

72 Zum geistesgeschichtlichen Hintergrund der beiden Hierarchienschriften vgl. die Einleitung und die Anmerkungen von Günter Heil in der in Anmerkung 68 genannten Ausgabe.

73 A.a.O., S. 39.

74 A.a.O., S. 61.

75 A.a.O., S. 62.

76 A.a.O.

77 Johannes Scotus Eriugena: *Über die Einteilung der Natur.* Hrsg. von Ludwig Noack. 1. Aufl. 1870-74; 2., unveränderte Aufl. Hamburg 1983, II, S. 66. Die Zitatstelle wurde nach dem lateinischen Text leicht abgeändert. – Vgl. zu dem hier beschriebenen Zusammenhang von Engel und Mensch: Wolf-Ulrich Klünker: *Johannes Scotus Eriugena. Denken im Gespräch mit dem Engel.* Stuttgart 1988 (insb. Kap. III).

78 Lateinischer Text: Ludwig Traube: *Autographa des Iohannes Scotus.* Abhandlungen der Kgl. Bayrischen Akademie der Wissenschaften. Philosophisch-philologische und historische Klasse, XXVI. 1 (1912), S. 10. – Zur Übersetzung und Auslegung vgl. Wolf-Ulrich Klünker: *Engel und Mensch. Zur Geist-Lehre des Johannes Scotus Eriugena.* In: *Lesen im anthroposophischen Buch. Ein Almanach.* Stuttgart 1987, S. 133 ff.

79 Anselm von Canterbury: *Warum Gott Mensch geworden* (Cur

deus homo). Hrsg. von Franciscus Salesius Schmitt. München 1986, S. 51 ff.

80 A.a.O., S. 67 ff.

81 Avicenna: *Das Buch der Genesung der Seele. Metaphysik, Theologie, Kosmologie und Ethik*. Hrsg. von M. Horten. Frankfurt a. M. 1960 (Reprint), S. 650 f.

82 A.a.O., S. 593 f.

83 Zur Aristoteles-Deutung des 13. Jahrhunderts und zum Verhältnis der arabischen und «christlichen» Aristoteles-Rezeption vgl. Wolf-Ulrich Klünker/Bruno Sandkühler: *Menschliche Seele und kosmischer Geist. Siger von Brabant in der Auseinandersetzung mit Thomas von Aquin*. Stuttgart 1988. – Außerdem: Fernand van Steenberghen: *Die Philosophie im 13. Jahrhundert*. Paderborn 1977.

84 Alanus ab Insulis: *Expositio prosae de angelis*. In: Ders.: *Textes inedits*. Hrsg. von Marie-Thérèse d'Alverny. Paris 1965, S. 199. Übersetzung vom Verfasser.

85 Alanus ab Insulis: *Michaelpredigt*. In: Wolf-Ulrich Klünker: *Alanus ab Insulis. Entwicklung des Geistes als Michaelprinzip*. Stuttgart 1993, S. 55.

86 Vgl. Thomas von Aquin: *Über die Mischung der Elemente*. In: Mitteilungen aus der anthroposophischen Arbeit in Deutschland. Weihnachten 2002, S. 280 f.

87 Albertus Magnus: *De intellectu et intelligibili, lib. II, cap. XII*. – Vgl. dazu auch: Wolf-Ulrich Klünker: *Nur der Mensch. Menschliche Seele und Erde im Werk des Albertus Magnus*. In: Rolf Dorka, Roselies Gehlig, Wolfgang Schad, Armin Scheffler (Hrsg.): *Zum Erstaunen bin ich da*. Dornach 1998, S. 80 ff. Diesem Aufsatz ist auch die deutsche Übersetzung entnommen.

88 Albertus Magnus: III Sent. d. 18a. 10. Zitiert nach: Bernhard Geyer: *Die Universitätspredigten des Albertus Magnus*. München 1966, S. 39, Anm. 62 (Bayrische Akademie der Wissenschaften, Philosophisch-historische Klasse, Sitzungsberichte. Jahrgang 1966, Heft 3). Übersetzung vom Verfasser.

89 Thomas von Aquin: *Summa theologica I*, 58,6 und 6 ad 1. Vgl. dazu: Wolf-Ulrich Klünker: *Morgen- und Abenderkenntnis der Engel*. In: Mitteilungen aus der anthroposophischen Arbeit in Deutschland, Ostern 1995, Nr. 191, S. 38 ff.

90 A.a.O. I, 58,7.

91 A.a.O. I, 63,6 ad 4.

92 A.a.O. I, 64,1 ad 3.

93 Rudolf Steiner: *Individuelle Geistwesen und einheitlicher Weltengrund.* 3. Vortrag, 25. Nov. 1917 (GA 178). Dornach 1966, S. 230.

94 Raimundus Sabundus: *Theologia naturalis seu liber creaturarum.* Hrsg. von Friedrich Stegmüller. Stuttgart-Bad Cannstatt 1966, S. 343 f. Übersetzung vom Verfasser.

95 A.a.O., S. 344.

96 Friedrich Wilhelm Joseph Schelling: *Clara, oder über den Zusammenhang der Natur mit der Geisterwelt. Ein Gespräch.* Aus dem Nachlass ergänzt und hrsg. von Manfred Schröter. München 1948, S. 128.

97 Vgl. beispielsweise Rudolf Steiner: *Die Geheimwissenschaft im Umriss* (1910; GA 13); hier besonders das Kapitel *Die Weltentwicklung und der Mensch.*

98 Rudolf Steiner: Leitsatz 59. In: *Anthroposophische Leitsätze* (1924/25; GA 26) Dornach 1982, S. 41.

99 Ders.: Leitsatz 66. A.a.O., S. 46 f.

100 Ders.: Leitsatz 79. A.a.O., S. 62 f.

Wolf-Ulrich Klünker

CHRISTUS UND DAS SCHICKSAL DES MENSCHEN

Ansätze einer christologischen Menschenkunde

149 Seiten, kartoniert

Krankheiten von Seele und Leib rufen die Frage nach gesundender geistiger Kraft hervor. Anthropologie, Psychologie und Therapie kommen hier häufig an eine Grenze. Bisher wenig beachtete Ansätze der christlichen Menschenkunde erweisen sich in diesem Zusammenhang als zukunftsfähig.

So erscheint die Beziehung von Leib und Seele, von Tod und Unsterblichkeit in einem neuen Licht. Christus wird zum Herrn nicht nur des menschlichen Schicksals, sondern auch der Elemente und damit eine Gesundungs- und Entwicklungskraft.

Wolf-Ulrich Klünker

WER IST JOHANNES?

Dimensionen der letzten Ansprache Rudolf Steiners

172 Seiten, kartoniert

In seiner letzten Ansprache hat Rudolf Steiner die Wirksamkeit der Anthroposophie mit dem Wesen des Johannes verbunden. Wolf-Ulrich Klünker bewegt sich in seinem meditativ erarbeiteten Text in mäandernder Bewegung auf das Zentrum dieser letzten Ansprache Steiners zu und erschließt dem Leser dabei bisher unbekannte, zugleich aber befeuernde Perspektiven: Im Wesen der Johannes-Individualität erscheint das Schicksal des modernen Ich-Bewusstseins wie in einem Keim vorgebildet. Wer sich dieses erschließt, beginnt Anteil zu haben an der Auferstehungskraft, die sich hinter dieser Individualität verbirgt.